# 图解乒乓球运动从入门到精通

## （视频学习版）

人邮体育 主编　闫安 编

人民邮电出版社
北京

**图书在版编目（CIP）数据**

图解乒乓球运动从入门到精通：视频学习版 / 人邮
体育主编；闫安编. -- 北京：人民邮电出版社，
2023.4（2024.7重印）
ISBN 978-7-115-60065-3

Ⅰ．①图… Ⅱ．①人… ②闫… Ⅲ．①乒乓球运动—
图解 Ⅳ．①G846-64

中国版本图书馆CIP数据核字(2022)第172690号

## 免 责 声 明

作者和出版商都已尽可能确保本书技术上的准确性以及合理性，并特别声明，不会
承担由于使用本出版物中的材料而遭受的任何损伤所直接或间接产生的与个人或团体
相关的一切责任、损失或风险。

## 内 容 提 要

本书由原国家乒乓球队队员闫安编写，并获得了多位专业教练和运动员的推荐！全
书共分为 9 章。第 1 章讲解了运动前后分别需要进行的热身与恢复活动，第 2～3 章讲
解了姿势与步法、球性练习等基础内容，第 4～7 章重点讲解了发球技术、横拍击球技
术、直拍击球技术以及削球技术等，第 8 章重点介绍了应对不同类型选手的制胜策略，
涉及横拍打法和直拍打法等，第 9 章则讲解了全面提升球员综合素质的体能训练方法。
全书采用方便读者学习的图文结合视频的形式展示内容，致力于为乒乓球爱好者、乒乓
球教练、体育老师等提供丰富的学习和教学参考。

◆ 主　　编　人邮体育
　　编　　　　闫　安
　　责任编辑　林振英
　　责任印制　彭志环
◆ 人民邮电出版社出版发行　　北京市丰台区成寿寺路 11 号
　　邮编　100164　　电子邮件　315@ptpress.com.cn
　　网址　https://www.ptpress.com.cn
　　北京天宇星印刷厂印刷
◆ 开本：700×1000　1/16
　　印张：18　　　　　　　　　　　　2023 年 4 月第 1 版
　　字数：419 千字　　　　　　　　　2024 年 7 月北京第 6 次印刷

定价：99.80 元

读者服务热线：(010)81055296　印装质量热线：(010)81055316
反盗版热线：(010)81055315
广告经营许可证：京东市监广登字 20170147 号

# 目录

场地与装备 viii　　术语简介 x　　裁判员手势 xii

## 第 1 章
## 热身与恢复

### 1.1 热身活动 / 002

活动手腕脚腕 002

肩部环绕 003

伸展运动 004

转腰运动 005

双脚 – 前后跳 005

碎步跑 006

振臂跳 006

对侧肘碰膝垫步跳 007

屈髋外展跳 008

踝关节八字跳 009

### 1.2 恢复活动 / 010

颈部运动 010

上肢拉伸 1 011

上肢拉伸 2 011

体侧拉伸 1 012

体侧拉伸 2 012

侧压腿 013

股后肌群拉伸 014

弓步拉伸 – 小腿 014

股四头肌拉伸 015

体前屈 015

## 第 2 章
## 姿势与步法

### 2.1 基本姿势 / 018

准备姿势 018

横拍握法 019

直拍握法 020

正确持球姿势 021

基本站位 022

### 2.2 引拍 / 023

引拍姿势 023

正手引拍 024

反手引拍 024

还原动作 025

### 2.3 步法 / 026

单步 026

并步 027

跨步 028

跳步 029

正交叉步 030

反交叉步 030

单步侧身 032

并步侧身 033

一步移动（正手） 034

一步移动（反手） 035

两步移动 036

三步移动 037

侧身抢攻移动 038

大跨步接球 039

削球时的左右移动步法 040

削球时的前后移动步法 042

双打两位右手选手的正手步法 044

双打两位右手选手的反手步法 046

# 第 3 章
# 球性练习

## 3.1 颠球练习 / 050

原地颠球练习 050

行进间颠球练习 051

双面交替颠球练习 052

台面拍球练习 053

两人对颠球练习 054

对墙击球练习 055

## 3.2 托球练习 / 056

原地托球练习 056

行进间托球练习 057

# 第 4 章
# 发球技术

## 4.1 发平击球 / 060

横拍正手发平击球 060

横拍反手发平击球 061

直拍正手发平击球 062

直拍反手发平击球 063

## 4.2 发奔球 / 064

横拍正手发奔球 064

横拍反手发奔球 066

直拍正手发奔球 068

直拍反手发奔球 069

## 4.3 发不转球 / 070

横拍正手发不转球 070

横拍反手发不转球 072

直拍正手发不转球 074

直拍反手发不转球 075

## 4.4 发旋转球 / 076

横拍反手发上旋球 076

横拍反手发下旋球 078

横拍正手发左侧上旋球 080

横拍正手发左侧下旋球 082

横拍反手发右侧上旋球 084

横拍反手发右侧下旋球 085

直拍正手发左侧上旋球 086

直拍正手发左侧下旋球 087

直拍反手发右侧上旋球 088

直拍反手发右侧下旋球 090

# 第5章
# 横拍击球技术

## 5.1 攻球 / 094
横拍正手攻球　094
横拍侧身攻球　096
横拍中近台反手攻球　097

## 5.2 搓球 / 098
横拍正手搓球　098
横拍反手搓球　099
横拍正手摆短搓球　100
横拍反手摆短搓球　101

## 5.3 挑短球 / 102
横拍正手挑短球　102
横拍台内反手挑短球　103

## 5.4 快带 / 104
横拍正手快带　104
横拍反手快带　105

## 5.5 弧圈球 / 106
横拍正手拉加转弧圈球　106
横拍反手拉加转弧圈球　108
横拍正手前冲弧圈球　109
横拍反手前冲弧圈球　110
横拍正手反拉弧圈球　112
横拍反手反拉弧圈球　114
横拍正手中远台对拉弧圈球　115
横拍正手侧拉弧圈球　116

## 5.6 拉球 / 118
横拍正手拉上旋球　118
横拍反手拉上旋球　119
横拍正手拉下旋球　120
横拍反手拉下旋球　121
横拍侧身拉下旋球　122

## 5.7 其他 / 123
横拍正手冲球　123
横拍反手侧拧　124
横拍反面弹击球　125

# 第6章
# 直拍击球技术

## 6.1 攻球 / 128
直拍正手攻球　128
直拍侧身攻球　129

## 6.2 搓球 / 130
直拍正手搓球　130
直拍反手搓球　131
直拍正手摆短搓球　132
直拍反手摆短搓球　134

## 6.3 挑短球 / 136
直拍台内正手挑短球　136
直拍横打挑短球　137

## 6.4 快带 / 138
直拍正手快带　138

直拍反手快带 139

## 6.5 弧圈球 / 140
直拍正手拉加转弧圈球 140
直拍反手拉加转弧圈球 141
直拍正手前冲弧圈球 142
直拍反手前冲弧圈球 143
直拍正手反拉弧圈球 144
直拍反手反拉弧圈球 145
直拍正手中远台对拉弧圈球 146
直拍正手侧拉弧圈球 147
直拍横打弹击高调弧圈球 148
直拍横打防弧圈球 149

## 6.6 拉球 / 150
直拍反手拉长球 150
直拍横打拉上旋球 152
直拍横打拉下旋球 153
直拍正手拉下旋球 154
直拍正手侧身拉下旋球 155

## 6.7 其他 / 156
直拍正手冲球 156
直拍反手侧拧 157

# 第 7 章
# 削球技术

## 7.1 引拍 / 160
正手削球引拍 160
反手削球引拍 161

## 7.2 击球技术 / 162
近台削球 162
正手中远台削球 164
反手中远台削球 165
正手削球接反手削球 166
反手削球接搓球 168
搓球转削球 170
反手削球接正手攻球 172

# 第 8 章
# 常用制胜策略

## 8.1 应对不同类型选手的策略 /176
应对上旋球型选手 176
应对近台快攻型选手 180
应对近台攻守型选手 181
应对削球型选手 182

## 8.2 横拍常用策略 / 184
横拍正手发球后正手抢拉 184
横拍正手发球后反手抢拉 186
横拍正手发球后侧身抢拉 188
横拍正手搓接后正手抢拉 190
横拍正手搓接后反手抢拉 192
横拍反手搓接后正手抢拉 194
横拍反手搓接后反手抢拉 196
横拍反手搓球后侧身抢拉 198
横拍左拨右攻 200
横拍左拨右拉 202
横拍反手拉球后转正手侧身位冲球 204
横拍正手拉球后转侧手拉球 206
横拍正手拉下旋球后转拉上旋球 208

横拍正手拉下旋球后接扣杀 210

## 8.3 直拍常用策略 / 212

直拍发短下旋球接正手侧身抢攻 212

直拍发下旋球后反手拉下旋球 214

直拍正手发球后正手抢拉 216

直拍正手发球后反手抢拉 218

直拍正手发球后侧身抢拉 220

直拍正手搓接后正手抢拉 222

直拍正手搓接后反手抢拉 224

直拍反手搓接后正手抢拉 226

直拍反手搓接后反手抢拉 228

直拍反手搓球后正手侧身位抢拉 230

直拍左推右攻 232

直拍左推右拉 234

直拍反手拉上旋球后转正手侧身位冲球 236

直拍正手拉上旋球后转侧身拉球 238

直拍正手拉下旋球后冲上旋球 240

## 第 9 章 体能训练

## 9.1 力量强化 / 244

弹力带 – 站姿 – 双臂肩上推举 244

弹力带 – 站姿 – 单臂水平旋内 245

弹力带 – 分腿蹲 – 弯举 245

弹力带 – 站姿 – 躯干旋转 246

哑铃 – 站姿 – 基本弯举 – 双臂 246

哑铃 – 站姿 – 躯干侧屈 247

弹力带 – 站姿 – 单侧髋内收 247

弹力带 – 站姿 – 单侧髋外展 248

杠铃 – 俯身划船 249

杠铃 – 硬拉 249

## 9.2 爆发力强化 / 250

壶铃 – 交替甩摆 – 单臂 250

单臂壶铃高拉 251

药球 – 站姿 – 垂直侧向扔球 251

壶铃 – 甩摆高翻 – 双臂 252

壶铃 – 挺举 – 单臂 253

药球 – 分腿姿 – 胸前抛球 254

药球 – 分腿姿 – 过顶扔球 254

药球 – 分腿姿 – 旋转过顶砸球 255

跳箱 – 跳深练习 256

跳箱 – 有反向跳 – 双脚落地 257

栏架 – 双脚跳 – 横向 – 无反向 258

栏架 – 单脚跳 – 横向 – 向内 – 有反向 259

## 9.3 灵敏性强化 / 260

十字跳 260

垫步跳 – 纵向 261

站姿 – 对侧 – 肘碰膝 – 垫步跳 261

栏架 – 纵向 – 高抬腿 – 一次一步 262

40 码正方形侧身交叉步 263

绳梯 – 进出滑步 263

栏架 – 敏捷 – 纵向 –Z 字 – 左右并步连续 264

绳梯 – 粘滑步 266

绳梯 – 之字形交叉滑步 267

## 9.4 耐力强化 / 268

3 分钟跳绳 268

爬楼梯 269

中长跑 270

变速跑 271

编者简介 272

视频在线观看说明 273

# 场地与装备

## ◉ 球场与球台

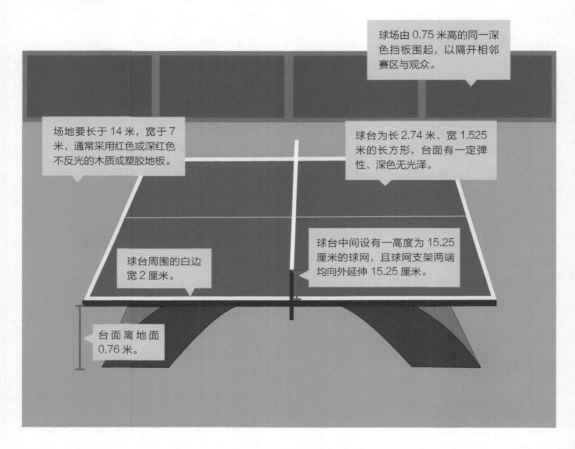

球场由 0.75 米高的同一深色挡板围起，以隔开相邻赛区与观众。

场地要长于 14 米，宽于 7 米，通常采用红色或深红色不反光的木质或塑胶地板。

球台为长 2.74 米、宽 1.525 米的长方形，台面有一定弹性、深色无光泽。

球台中间设有一高度为 15.25 厘米的球网，且球网支架两端均向外延伸 15.25 厘米。

球台周围的白边宽 2 厘米。

台面离地面 0.76 米。

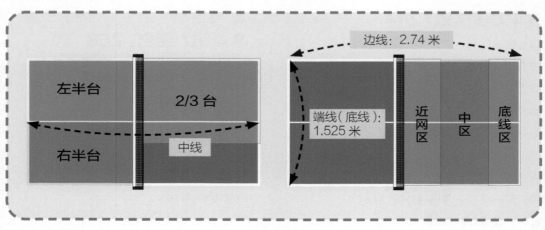

左半台

右半台

2/3 台

中线

边线：2.74 米

端线（底线）：1.525 米

近网区

中区

底线区

◉ 球具

| 名称 | | 图片 | 介绍 |
|---|---|---|---|
| 乒乓球 | | | 经过 2000 年与 2014 年的两次变革，现在国际上通用的乒乓球为表面无光泽的白色圆球体，以高分子聚合物为原料，半径 20 毫米，重约 2.7 克 |
| 球拍 | 直拍 | | 乒乓球球拍是击球的工具，由底板（拍柄＋拍面）、胶皮和海绵三部分组成。球拍有直拍与横拍两种类型，它们在握法、打法特点、优劣势方面都各有不同，本书后面会对其进行详细介绍 |
| | 横拍 | | |
| 服装 | | | 乒乓球比赛中，运动员会穿着特定的运动上衣及短裤或短裙。乒乓球运动服装要合身透气、轻便舒适、松紧适中，以方便运动、不影响运动员的动作为准 |
| 球鞋 | | | 乒乓球运动专用鞋轻便透气、不易变形，鞋底高弹缓震、防滑性能较好，且能充分包裹脚掌，有效降低运动员在横移及跑动时发生扭伤的风险 |

# 术语简介

为了更好地掌握乒乓球技术，我们一定要事先了解一些专业术语，以助于理解比赛规则和技术动作。

## ◉ 基本姿势

基本姿势是完成各种技术动作的基础，不管是哪种打法、哪种类型的选手，都需要以基本姿势来开始动作，并确保基本姿势的准确性，为之后的动作做良好的准备。

## ◉ 球性

球性是优秀运动员都具备的一种手感，是灵活、稳定控制球的基础。球性是可以后天培养的，在大量练习后可以得到显著提升。

## ◉ 步法

不管是在练习还是比赛中，每一次击球，都是从移步开始的。合理运用不同步法，可以自由、灵活、及时地移动到球场上的任何位置，以调整好人与球之间的位置关系。此外，手上的击球动作也和步法有着密不可分的关系。可见，步法是运用乒乓球各技巧的基础。

## ◉ 发球、接发球和方位的选择

在比赛正式开始前，选手都会通过选择硬币正反面的方式来决定发球顺序与方位选择权利归属，选对者可以选择先发球或先接发球，或选择先站于某一方发球，两者中只能选择一项，而另一项由对方决定。

比赛中，在一方完成两次发球之后，换为之前的接发球方发球，依此类推，直到该局比赛结束。但是，在一局比赛中，当双方的得分都达到 10 分时，开始实行轮换发球法，发球和接发球次序保持不变的情况下，每人完成一次发球后即换为对方发球。而在每局比赛结束后，双方要交换方位，单打决胜局中当有一方满 5 分时也应交换方位。

## ◉ 发球员

如果选择了先发球，或者对方选择先接发球，即在第一回合中首先进行合理发球的球员，就是发球员。

## ◉ 接发球员

如果选择了先接发球，或者对方选择了先发球，即在第一回合中首先要回击来球的球员，就是接发球员。

## ◉ 一局比赛

在一局比赛中，先得 11 分的球员为胜者，总分积 1 分。如果比分达到 10 平，先得 2 分的球员获得该局比赛的胜利。

## ◉ 一场比赛

现在，一般单打比赛采用七局四胜制，双打、混双、团体赛中的单打采用五局三胜制，团体赛中的双打多采用五局三胜制，也有些商业比赛双打会采用三局两胜制。

此外，一场比赛中，局与局之间球员有不超过 1 分钟的休息时间；双方也均有一次不超过 1 分钟的暂停机会；在每得 6 分，或决胜局交换方位时，球员可下场擦汗。

## ◉ 合理发球

发球员的非持拍手五指并拢，水平伸直，掌心朝上，使乒乓球停在掌心，置于球台的端线之后、台面之上。之后垂直向上抛球，使球升高至少 16 厘米，且抛球时不能通过转球等方式使球旋转。在球到达最高点开始下落时，方可击球，发出的球必须先落在本方半台内，接着弹起越过或绕过球网，再落在对方半台。在抛球与击球的过程中，球和球拍应位于球台台面的水平面之上，且发球过程中不得有遮挡球的行为。注意，只要明显没有按照合理发球的规定发球，就将判为失一分，所以发球时一定要严格遵守以上规定。

## ◉ 合理还击

在对方发球或进行回击后，我方必须进行合理还击，否则将被判为失一分。球从本方半台弹起后才可击球，使球直接越过或绕过球网，或触及球网装置后，再触及对方半台。

## ◉ 重发球

如果发球员发出的球，在越过或绕过球网装置时，触及球网，但依旧越过球网落在了对方半台，此时发球员应该重新发球。

## ◉ 一分

如果对方出现以下情况，判为本方得分：对方对球进行阻拦；对方未能合理发球；球在对方半台上反弹超过两次；对方未能成功回击来球（没接到、未过球网或出界等）；对方先后多次击球；对方的非持拍手触及台面；对方在击球前，球接触了除球网以外的任何东西；对方或其穿戴的任何东西使球台移动或触网等。

# 裁判员手势

在每场比赛中，必须配有两名专业的裁判员，根据竞赛规则，对得分、失误及犯规等情况进行评判。裁判员除了以语言提示外，还会采用手势传递信息，让运动员更好地明白当前情况。下面详细介绍裁判员各手势的具体含义。

### ● 主裁和副裁判

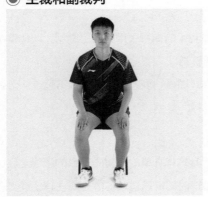 

### ● 发球

### ● 报分

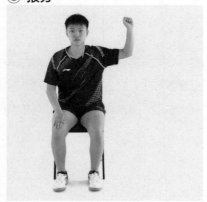 

### ◉ 交换方位

### ◉ 停

### ◉ 练习 2 分钟

### ◉ 警告

### ◉ 罚分

### ◉ 暂停

### ◉ 擦边球

# 第 1 章
# 热身
# 与恢复

在练习前和练习后，我们要分别完成热身与恢复活动。热身活动可以让我们的肌肉兴奋起来，使身体处在适合运动的状态，降低受伤的风险；而恢复活动可以让我们的肌肉放松下来，缓解运动后肌肉的酸痛感，为之后的训练做好准备。

**活动手腕脚腕》**

扫一扫，看视频

转动时切忌用力过猛

**01** 双脚自然分开，双臂自然垂于身体两侧，挺胸抬头，目视前方。

**02** 双手手腕同时向同一方向转动，一侧脚的脚尖点地并定在原地，以脚尖为轴带动脚腕转动，并使脚腕的旋转方向与手腕保持一致。三到四个八拍后，换至另一脚的脚尖点地，然后向相反方向转动手腕与脚腕。

换侧练习

## 肩部环绕 >>

扫一扫，看视频

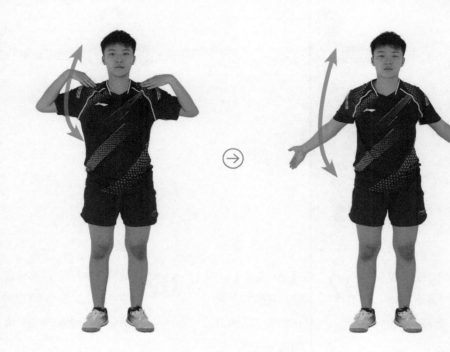

**01** 双脚分开，与肩同宽，挺胸抬头，目视前方。双臂水平抬起，并向内折叠，使双手指尖放在同侧的肩膀上，上臂保持大致水平。手臂顺时针转动，带动肩部转动。三到四个八拍后，换为逆时针转动，动作标准保持不变。

**02** 双脚分开，与肩同宽，挺胸抬头，目视前方。双臂伸直，水平抬起，大幅度地在体侧顺时针转动，上至双手举过头顶，下至双手在大腿两侧，带动肩部转动。三到四个八拍后，换为逆时针转动，动作标准保持不变。

### 局部特写

双手举过头顶

转肩时不要耸肩

热身与恢复

姿势与步法

球性练习

发球技术

横拍击球技术

直拍击球技术

削球技术

常用制胜策略

体能训练

**01** 双脚自然分开，双臂自然垂于身体两侧，挺胸抬头，目视前方。

**02** 双臂抬起至胸前，向内屈肘并保持水平，指尖相对，掌心朝下。然后向后伸展。

**03** 双臂向外打开，水平伸直，掌心朝上。然后手臂做向后伸展的动作，带动扩胸。

背部保持挺直

**04** 双臂伸直举过头顶，并使双臂相互平行，掌心朝前。然后手臂做向后伸展的动作。

**05** 从髋部开始向内折叠，从而向下俯身，手臂伸直，努力用指尖去触碰地面。其间膝关节不要弯曲。

**小知识** 🏓

伸展运动不仅能充分打开身体，使身体不再僵硬；向后伸展时也有扩胸动作，能拉伸胸部肌肉。

## 转腰运动 >>

扫一扫，看视频

前臂水平抬起

**01** 双脚开立与肩同宽，手臂上抬并向内折叠，使肘关节与肩同高，两手指尖相对。

**02** 向一侧扭动腰部，并尽可能做到最大幅度扭动，以充分拉伸腰部肌肉。然后还原，再以相同标准向反方向转腰。

## 双脚 - 前后跳 >>

**01** 双脚自然分开，膝盖微屈，身体前倾，背部挺直，双臂置于身体两侧，重心移至前脚掌。

**02** 保持背部挺直，核心收紧，有节奏且连续地向前、向后快速小跳，手臂随之前后摆动。跳跃时，膝盖微屈，用前脚掌着地；然后用力蹬地，迅速再次跳起。控制节奏由慢变快，至最快速度，并尽可能保持几秒再减速。

热身与恢复

姿势与步法

球性练习

发球技术

横拍击球技术

直拍击球技术

削球技术

常用制胜策略

体能训练

## 碎步跑 >>

**01** 双脚开立，略比肩宽，膝盖微屈，身体前倾，背部挺直，重心放在前脚掌上，手臂呈前后摆臂状。

**02** 双脚交替以较低高度抬起，碎步跑10秒左右，并且缓慢向前移动。其间，节奏由慢变快，直至最快速度，保持5秒后再减速。同时，手臂以较低的频率摆动，保持动作的协调性。

## 振臂跳 >>

**01** 双脚开立，距离小于肩宽，挺胸抬头，目视前方，双臂自然垂于身体两侧。

**02** 臀部与腿部发力，身体向上跳起，一侧手臂伸直举过头顶，对侧腿屈髋屈膝向上抬起，使大腿与地面大致平行。两侧交替，重复以上步骤。

热身与恢复

姿势与步法

球性练习

发球技术

横拍击球技术

直拍击球技术

削球技术

常用制胜策略

体能训练

## 对侧肘碰膝垫步跳 »

扫一扫，看视频

**01** 双脚开立，距离小于肩宽，挺胸抬头，目视前方，双臂自然垂于身体两侧。

**02** 双脚蹬地，一侧腿屈髋屈膝向上抬起，用对侧手肘触碰该腿的膝部。抬起腿落地的同时用力蹬地，前脚掌落地瞬间快速做一个原地垫步跳的动作，换另一侧腿抬起并用对侧手肘触碰该腿的膝部。双腿交替进行，重复以上步骤。

其他角度

扫一扫，看视频

**01** 双脚分开，距离略窄于肩，背部挺直，双手叉腰，目视前方。

**02** 双脚蹬地，屈髋肌群发力，微微向上起跳，并快速从身前方抬起一侧腿，屈髋屈膝，使大腿平行于地面，同时迅速向外旋髋，使该侧腿与身体大致在同一平面内。

**03** 落地后，回到起始姿势，然后立即抬起另一侧腿完成同样的动作。按照相同标准，两条腿交替进行屈髋外展跳，完成规定的次数。

**小知识**

屈髋外展跳时，保持背部挺直，核心收紧，保证身体平衡。全程保持均匀呼吸，气息不稳会影响热身效果。

扫一扫，看视频

热身与恢复

姿势与步法

球性练习

发球技术

横拍击球技术

直拍击球技术

削球技术

常用制胜策略

体能训练

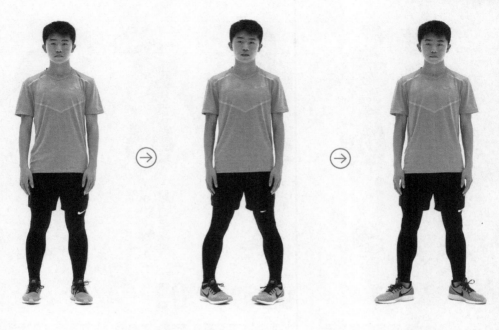

**01** 双脚开立与肩同宽，背部挺直，双臂自然垂于身体两侧，目视前方。

**02** 背部挺直，腹部收紧，主要依靠踝关节发力，向身体的一侧横向跳跃，落地时双脚依次呈八字内收和外展的状态。

**要点提示**

跳跃时呼气或屏气，落地时吸气，保持均匀呼吸。落地时，膝盖和脚尖要指向同一方向，以保持身体平衡。

膝盖和脚尖指向同一方向

内收

外展

# 1.2

## 恢复活动

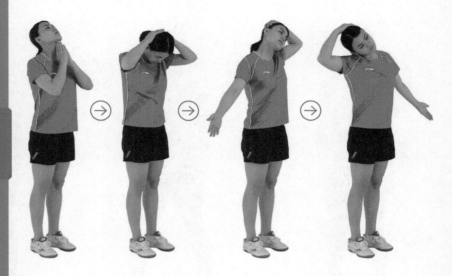

## 01

双脚自然分开，背部挺直，双手合十，置于颌下，头慢慢向后仰。

## 02

双手十指交叉置于头后，轻轻向下压，使头慢慢前倾。

## 03

左臂向上举起，屈肘，左手放于头的右侧，轻轻用力，使头向左倾；同时右臂伸直，指向右下方。之后换至另一侧，动作标准相同。

其他角度

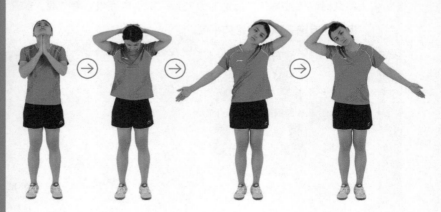

## 上肢拉伸 1 ≫

扫一扫，看视频

**01** 双脚开立，与肩同宽，挺胸抬头，双臂自然垂于身体两侧，目视前方。

**02** 左臂向上举起，屈肘伸于头后，手向后背靠近。右手握住左臂的肘部，并向右下方牵引至最大限度。之后换另一侧手臂，动作标准相同。

## 上肢拉伸 2 ≫

扫一扫，看视频

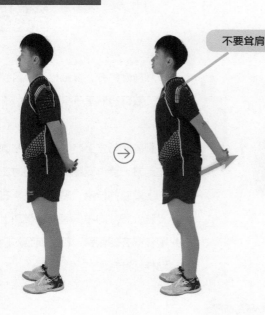

不要耸肩

**01** 双脚自然打开，背部挺直，手臂放松后伸，双手十指交叉置于体后，掌心朝向后背。

**02** 颈部保持放松，肩膀向后打开，两臂同时上抬，直至肌肉有拉伸感。其间，肘关节保持伸直状态。

热身与恢复

姿势与步法

球性练习

发球技术

横拍击球技术

直拍击球技术

削球技术

常用制胜策略

体能训练

## 体侧拉伸 1 »

扫一扫，看视频

手臂伸直

**01** 双脚开立，与肩同宽，挺胸抬头，双臂自然垂于身体两侧，目视前方。

**02** 右臂向上举起并伸直，贴近耳朵；左手叉腰。腰部向左侧弯曲，带动上身整体向左侧倾斜。之后换另一侧，动作标准相同。

## 体侧拉伸 2 »

扫一扫，看视频

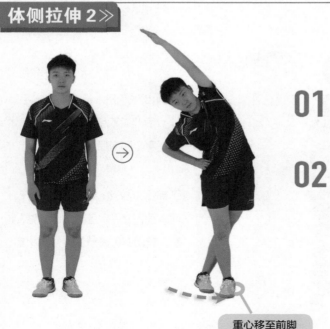

**01** 双脚自然打开，挺胸抬头，目视前方，双臂自然垂于身体两侧。

**02** 右脚向左前方上步，移动到左脚的左前方，使得双腿交叉。同时左臂向上举起并伸直，贴近耳朵；右手叉腰，腰部向右侧弯曲，带动上身整体向右侧倾斜。然后换至对侧，动作标准相同。

重心移至前脚

# 侧压腿 »

扫一扫，看视频

**01** 双脚自然打开，挺胸抬头，双臂自然垂于身体两侧。

**02** 左腿向左伸直，尽量远伸，左脚内扣，左脚的右半侧着地；右腿屈膝全蹲，右脚全脚掌着地，并将重心压在右脚。两只手分别放在同侧腿的膝盖处，身体前倾，同时手向下压腿。换至对侧，动作标准相同。

## 其他角度

腿保持伸直状态

压腿动作要缓慢而温和，不可用力过猛。压腿时，臀部和伸直腿的内侧尽量向地面贴近

## 股后肌群拉伸 >>

扫一扫，看视频

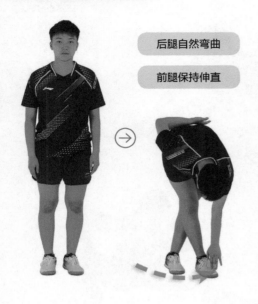

后腿自然弯曲

前腿保持伸直

**01** 双脚自然打开，挺胸抬头，目视前方，双臂自然垂于身体两侧。

**02** 右脚向左前方上步，移动到左脚的左前方，使得双腿交叉。向下俯身，同时右手背在身后，左手向下伸直，努力去触碰前脚脚尖。然后换至对侧，动作标准相同。

## 弓步拉伸 – 小腿 >>

扫一扫，看视频

背部保持挺直

重心慢慢前移

**01** 双腿并拢，挺胸抬头，目视前方，双臂自然垂于身体两侧。

**02** 双脚前后站立，前侧腿屈膝，后侧腿伸直，呈弓步姿势。双手扶住膝盖，身体略微前倾，重心慢慢前移，直至后腿腓肠肌有一定程度的牵拉感，保持该姿势规定时间。然后换至对侧腿，动作标准相同。

## 股四头肌拉伸 》

扫一扫，看视频

### 01

身体呈侧卧姿，头部微微抬起。近地侧手臂向前伸直贴紧地面，近地侧腿自然伸直；上侧腿屈髋屈膝，同侧手臂后伸，手在臀部后侧握住脚踝。

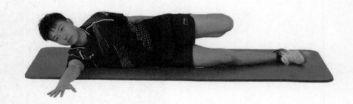

### 02

在保持身体平衡的基础上，左手向后发力，将上侧腿慢慢后拉，使脚逐渐靠近臀部。换至对侧，动作标准相同。

## 体前屈 》

扫一扫，看视频

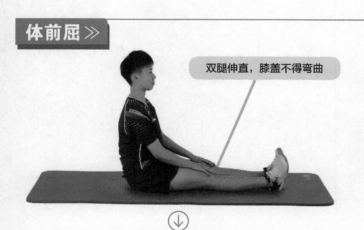

双腿伸直，膝盖不得弯曲

### 01

坐在瑜伽垫上，双腿并拢，向前伸直，背部挺直，目视前方，双手自然放在大腿上。

### 02

颈部保持放松，身体前屈，手臂向前伸直，努力去触碰脚尖，此时膝盖不得弯曲。保持该姿势规定时间。

热身与恢复

姿势与步法

球性练习

发球技术

横拍击球技术

直拍击球技术

削球技术

常用制胜策略

体能训练

# 第2章
# 姿势
# 与步法

学习和掌握基本姿势与步法是学习乒乓球的基础。如果没有正确的击球姿势与步法的辅助，我们学习乒乓球的过程中就会遇到很多额外的障碍，也很难在技术上有较大的突破。本章通过对基本握拍姿势、引拍动作和步法的讲解，为后面更好地击球做好准备。

**准备姿势** »

在等待对方发球或回球时，要保持正确的准备姿势，以在面对
不同类型的来球时，能够迅速调整成适合的击球姿势。

身体适当前倾并含胸

重心在双脚之间

目视前方，双脚开立，略比肩宽，其中右脚略微靠前。膝盖微屈，核心收紧，
身体适当前倾。右侧手臂自然弯曲，手腕放松，将球拍置于右腹部的前方。

**NO  错误动作**

!     球拍位置过高        身体未前倾，膝盖未弯曲

# 横拍握法 ≫

拇指斜按在球拍正面、中指上方

中指、无名指、小指自然弯曲，握住拍柄

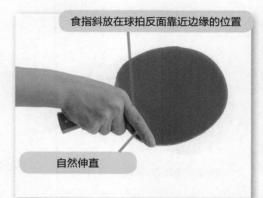

食指斜放在球拍反面靠近边缘的位置

自然伸直

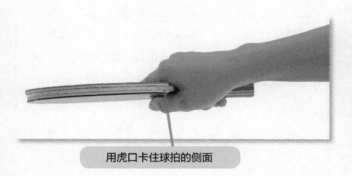

用虎口卡住球拍的侧面

## 小知识 🏓

横拍拍柄较长，此种握拍方式能够使运动员较为流畅地完成正、反手切换，并使反手攻球的力度与正手相同，利于进行快攻。

 错误动作

！虎口卡拍过于靠下，不方便之后的发力

食指位置过高，使得正、反手切换无法流畅完成

拇指位置过低，易造成球拍不稳

热身与恢复

姿势与步法

球性练习

发球技术

横拍击球技术

直拍击球技术

削球技术

常用制胜策略

体能训练

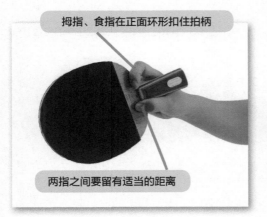

拇指、食指在正面环形扣住拍柄

两指之间要留有适当的距离

其余三指并拢并自然弯曲

轻托在球拍反面

拍柄的反面贴在虎口位置

**小知识**

直拍拍柄较短，采用此种握拍方式可以较好地处理近台位置的来球。不过，直拍球拍不易固定，护台面积小，切换为反手时需要手腕有较强的灵活性。

## **NO** 错 误 动 作

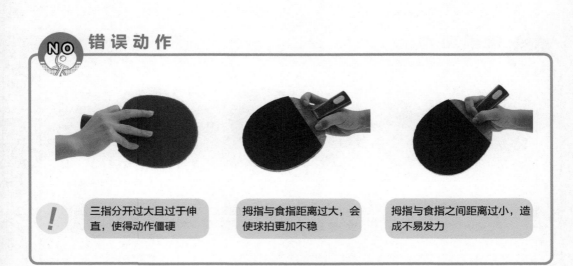

! 三指分开过大且过于伸直，使得动作僵硬

拇指与食指距离过大，会使球拍更加不稳

拇指与食指之间距离过小，造成不易发力

热身与恢复

姿势与步法

球性练习

发球技术

横拍击球技术

直拍击球技术

削球技术

常用制胜策略

体能训练

## 正确持球姿势 »

发球时，一定要以正确的姿势持球，不然会造成球受力不均，使球无法垂直、平稳地上升至规定高度，导致发球犯规或失误。

**局部特写**

**其他角度**

持球时，五指并拢，掌心朝上，手掌半握，将乒乓球放在手掌中央，并使球保持静止。

 **错误动作**

! 球所处的位置过于靠前，容易受力不均

手完全包住乒乓球，会影响抛球时的发力

用手指持球，用手指抛球，无法保证球垂直上升

科学的站位不仅可提高运动员动作的连贯性，让他们能够迅速、及时地移动到适合的位置，还可让运动员的进攻能力有质的提升。

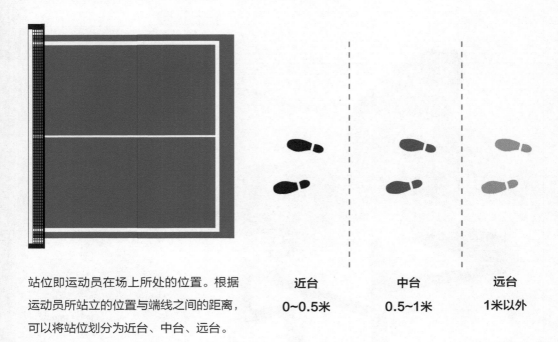

站位即运动员在场上所处的位置。根据运动员所站立的位置与端线之间的距离，可以将站位划分为近台、中台、远台。

**近台**
**0~0.5米**

**中台**
**0.5~1米**

**远台**
**1米以外**

距离

**小知识**

不同的打法所适合的站位也不同，所以一定要根据情况实时调整站位。

热身与恢复

姿势与步法

球性练习

发球技术

横拍击球技术

直拍击球技术

削球技术

常用制胜策略

体能训练

## 2.2

## 引拍

### 引拍姿势 »

引拍是击球前必不可少的准备动作，它与击球时的力度、对球的摩擦有密切的联系。

肩膀随腰一起转动，右肩在后且自然下沉

腰部向右转动

膝盖微屈

持拍侧手臂向后引拍，肘关节自然打开

重心向右移动

### 其他角度

## 正手引拍 »

扫一扫，看视频

肘关节自然打开，避免上臂与前臂的夹角过小

向右转身

向右后方引拍

重心向右移动

## 反手引拍 »

扫一扫，看视频

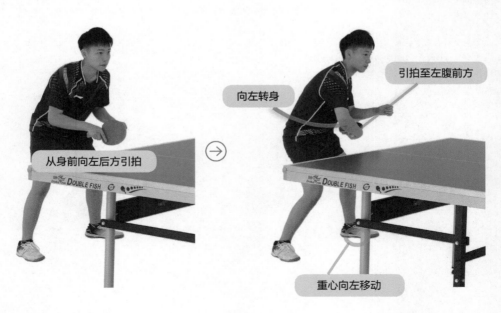

向左转身

引拍至左腹前方

从身前向左后方引拍

重心向左移动

# 还原动作 »

扫一扫，看视频

在完成击球和顺挥的动作后，一定要迅速还原，调整身体重心、站位，并还原成
基本姿势，为下一板击球做好准备。在还原的同时，也要时刻观察对手的情况，
适当进行预判，以灵活、及时地应对各种情况。

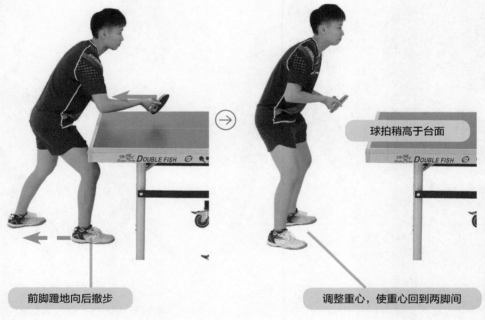

前脚蹬地向后撤步

球拍稍高于台面

调整重心，使重心回到两脚间

## 其他角度

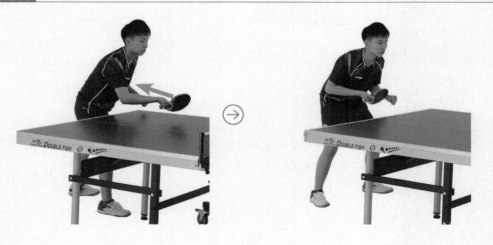

热身与恢复

姿势与步法

球性练习

发球技术

横拍击球技术

直拍击球技术

削球技术

常用制胜策略

体能训练

单步 》

扫一扫，看视频

2.3

步法

向右前方移动　　　　向右后方移动

向左前方移动　　　　向左后方移动

**01** 以基本站姿站好，时刻观察来球。

**02** 以离球较远的那条腿为轴，前脚掌蹬地，转身，带动另一只脚向来球方向迈步，身体重心随之转移，最后放在移动脚上。

要点提示　单步适用于来球距离身体较近（一步之内），且所需转体的幅度不大的情况。

**支撑脚**

**01** 以基本站姿站好，时刻观察来球。

**02** 将离球较近的脚作为支撑脚，另一只脚的前脚掌用力蹬地，向支撑脚方向并步。

**03** 在离球较远的那只脚落地后，支撑脚向来球方向迈步，移动到方便接球的位置。

① ②

**要点提示** 并步的移动距离比单步大，身体重心变化较小。移动过程中，双腿要保持屈膝状态，并将重心放在前脚掌上。迈步时，脚不能抬得太高；且双脚不得同时离地。

热身与恢复

姿势与步法

球性练习

发球技术

横拍击球技术

直拍击球技术

削球技术

常用制胜策略

体能训练

扫一扫，看视频

前脚掌蹬地

**01** 以基本站姿站好，时刻观察来球。

**小知识** 🏓
跨步的移动速度较快，但移动距离不宜过大（要在单步与并步之间），且不适宜主动发力。

**02** 以离球较远的那条腿为轴，该侧前脚掌用力蹬地；另一只脚随即向来球方向跨出一大步，转身面向来球，并将身体重心移到跨步脚上。之后蹬地脚前脚掌着地，快速滑半步，向跨步脚靠近。

**其他角度**

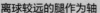

离球较远的腿作为轴

跨步

快速滑步跟上

# 跳步 >>

扫一扫，看视频

主要发力

先着地

**01** 以基本站姿站好，时刻观察来球。

**02** 离球较远的脚作为主发力脚，双脚蹬地同时起跳，向来球方向跳去。

**03** 落地时，双腿屈膝缓冲，蹬地用力较大的脚先着地，之后快速蹬地，让身体重心回到两脚中间。

## 其他角度

离球较远的脚蹬地力度更大

两脚同时起跳离地

落地后蹬地，以调整身体重心

热身与恢复

姿势与步法

球性练习

发球技术

横拍击球技术

直拍击球技术

削球技术

常用制胜策略

体能训练

**01** 双脚开立，宽于肩，并仔细观察来球。

**02** 向右转身，腰与髋部迅速向来球方向转动，带动右手向后引拍。同时，重心随之右移，移至右脚，左脚脚尖点地。

**反交叉步** 》》

**01** 双脚开立，宽于肩，并仔细观察来球。

**02** 向左转身，腰与髋部迅速向来球方向转动，右手从身前引拍至左腹前方。同时重心移至左脚，右脚脚尖点地。

扫一扫，看视频

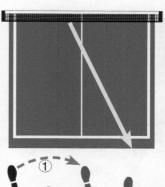

先着地

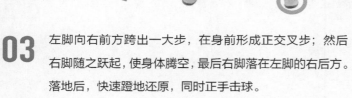

**03** 左脚向右前方跨出一大步，在身前形成正交叉步；然后
右脚随之跃起，使身体腾空，最后右脚落在左脚的右后方。
落地后，快速蹬地还原，同时正手击球。

扫一扫，看视频

先着地

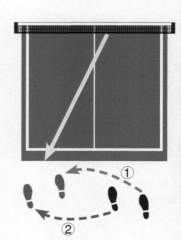

**03** 右脚向左前方跨出一大步，在身前形成反交叉步；然后
左脚随之跃起，使身体腾空，最后左脚落在右脚的左后方。
落地后，快速蹬地还原，同时反手击球。

热身与恢复

姿势与步法

球性练习

发球技术

横拍击球技术

直拍击球技术

削球技术

常用制胜策略

体能训练

## 单步侧身 »

如果来球的落点偏于自己的反手位，但又想采用正手进攻，这种情况下便可以通过侧身让位，移动到适合正手击球的位置，以顺利展开抢攻。

**01** 以基本站姿站好，身体前倾，时刻观察来球。

**02** 右脚后撤，身体向右转动，将身体调整到适合正手击球的角度。同时右臂向后引拍，准备击球。

### 小知识

侧身移动主要用于进行发球抢攻、接发球抢攻和相持阶段的抢攻，以抢得先机，掌握主动权。

### 要点提示

侧身撤步时，要保证后撤距离足够大，让身体能够充分侧身，调整至适合正手击球的角度，这样也有利于自动发力。此外，侧身过程中一定要保证重心的稳定，以能够在落地后迅速、准确、有力地击球。

**01** 以基本站姿站好，身体前倾，时刻观察来球。

**02** 右脚用力蹬地，以较低高度抬起，向左前方迈步，并落到左脚的右后方。

**03** 在右脚着地后，左脚立即向斜前方迈一小步，移动至适合正手击球的位置，并将重心移至右脚，同时向右转身，右臂向后引拍。

**04** 双脚都落地后，右脚蹬地，向左转身，重心随之左移，使用正手击球。

热身与恢复

姿势与步法

球性练习

发球技术

横拍击球技术

直拍击球技术

削球技术

常用制胜策略

体能训练

**01** 以基本站姿站好，时刻观察来球。如果来球在自己右侧，那先将重心移至左脚。

**02** 根据来球的落点，左脚用力蹬地，右脚向右迈出一步，重心随之右移，移动到合适位置。

**03** 在迈步的过程中完成引拍动作。右脚落地后，重心完全落在右脚上，左脚脚尖点地。

**04** 向左转回身体，重心随之左移，带动右臂向左前上方发力，挥拍击球。

热身与恢复

姿势与步法

球性练习

发球技术

横拍击球技术

直拍击球技术

削球技术

常用制胜策略

体能训练

# 一步移动（反手）»

扫一扫，看视频

**01** 以基本站姿站好，时刻观察来球。如果来球在自己左侧，则先将重心移至右脚。

**02** 根据来球的落点，以右脚为支点，右脚用力蹬地，左脚向左迈出一步，重心随之左移，移动到合适的位置。

**03** 在迈步的过程中完成引拍动作。左脚落地后，重心完全落在左脚上，右脚前脚掌点地。

**04** 向右转回身体，重心随之右移，带动右臂向右前上方发力，挥拍击球。

扫一扫，看视频

**01** 以基本站姿站好，时刻观察来球。如果来球在自己左侧，那先将重心移至左脚。

**02** 左脚蹬地，右脚向左脚靠近，向左迈出第一步。

**03** 右脚落地后，立即将重心移至右脚。之后右脚蹬地，左脚向左前方迈出第二步。

**04** 移动的过程中完成引拍动作，到位后，重心依旧在右脚。之后向左转身，重心随之左移，挥拍正手击球。

热身与恢复

姿势与步法

球性练习

发球技术

横拍击球技术

直拍击球技术

削球技术

常用制胜策略

体能训练

# 三步移动 》

**01** 以基本站姿站好，时刻观察来球。如果来球在身体右侧较远位置，那右脚先向右迈一小步，且此步幅度要小。

**02** 右脚落地后，迅速将身体重心移到右脚上，然后以右脚为支点，左脚向右脚靠近，迈出第二步。

**03** 左脚落地后，随即将重心移至左脚，然后右脚迅速向右迈出第三步，移动到适合正手击球的位置。

**04** 在迈第三步的过程中完成引拍动作。到位后，重心落在右脚上。之后向左转身，重心随之左移，挥拍正手击球。

---

**小知识**

为了能根据来球落点及时移动到合适的击球位置，球员需要灵活运用各种步法。其中，三步移动的横向移动距离大致与球台宽度相同，而两步移动的横向移动距离大致是球台宽度的一半。

**01** 以基本站姿站好，时刻观察来球。

**02** 如果来球落点在左半台，首先将重心移至右脚，左脚向左前方迈一小步。

**03** 臀部向右转动，使身体充分侧身，调整到适合正手击球的角度，同时带动右脚后移，向左脚靠近。

**04** 右脚落地后，将重心迅速移至右脚，然后左脚向斜前方迈出一大步，同时完成引拍动作。

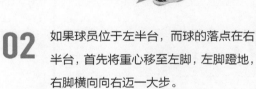

**01** 以基本站姿站好，时刻观察来球。

**02** 如果球员位于左半台，而球的落点在右半台，首先将重心移至左脚，左脚蹬地，右脚横向向右迈一大步。

**03** 右脚落地后，将重心移至右脚，同时向右转身，右臂向后完成引拍动作。

**04** 右脚蹬地，左脚先向右前方跨步，右脚随之跃起，使身体向右前方跳跃，并在跳跃过程中挥拍，尽量在最高点击球。

热身与恢复

姿势与步法

球性练习

发球技术

横拍击球技术

直拍击球技术

削球技术

常用制胜策略

体能训练

## 削球时的左右移动步法 ≫

### ◉ 向左移动

**01** 以基本站姿站好，时刻观察来球。

**02** 将重心移至左脚，左脚蹬地，右脚向左迈一小步。

### ◉ 向右移动

**01** 先将重心放在右脚上，右脚蹬地，左脚向右迈一步，靠近右脚。左脚着地后，立即将重心移至左脚，右脚向右后方迈步，在移动的过程中完成引拍动作，并在到位后将重心放在右脚。

扫一扫，看视频

热身与恢复

姿势与步法

球性练习

发球技术

横拍击球技术

直拍击球技术

削球技术

常用制胜策略

体能训练

**03** 根据来球落点，右脚落地后，左脚迅速向左后方撤一小步，并在移动的过程中完成引拍动作，到位后使用反手削球将球击回。

**02** 向左转身，重心随之左移，使用正手削球将球击回。

第2章 姿势与步法　041

## 削球时的前后移动步法 »

### ◉ 向前移动

**01** 以基本站姿站好，时刻观察来球。

**02** 根据来球路线，左脚先向前迈一小步，落地后，右脚向右前方迈步，靠近球台。

### ◉ 向后移动

**01** 根据来球路线，右脚向斜后方撤步，向左脚靠近。

**02** 右脚着地的同时，左脚向斜后方撤步，最后左脚落在右脚的左后方。

扫一扫，看视频

热身与恢复

姿势与步法

球性练习

发球技术

横拍击球技术

直拍击球技术

削球技术

常用制胜策略

体能训练

**03** 在移动的过程中完成引拍动作，到位后将重心落在右脚上，然后向左转身，使用正手削球将球击回。

**03** 在移动的过程中完成引拍动作，到位后将重心落在左脚上，然后向右转身，重心随之右移，使用反手削球将球击回。

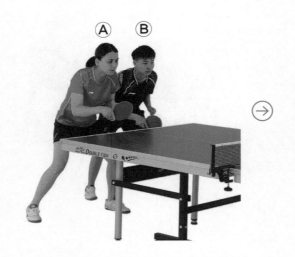

**01** 两人以前后站位站好，时刻观察来球。

**02** 需要接球的球员 A 移动到适合接球的位置，向后引拍，准备回球。

**04** 队友 B 在移动过程中完成引拍动作，并正手击球；同时，球员 A 从外侧绕到队友 B 的后方，为其留出足够的击球空间。

**03** 球员 A 在击球后，通过并步或跳步迅速向右后方移动，为队友 B 让位；同时，队友 B 根据来球落点，通过并步或跳步向右前方移动至适合接球的位置。

**05** 队友 B 在完成击球后同样通过并步或跳步迅速向右后方移动；而球员 A 根据来球路线迅速向斜前方上步，移动至适合正手击球的位置。

热身与恢复

姿势与步法

球性练习

发球技术

横拍击球技术

直拍击球技术

削球技术

常用制胜策略

体能训练

**01** 两人以前后站位站好，时刻观察来球。

**02** 需要接球的球员 A 移动到适合接球的位置，同时向后引拍，准备回球。

**04** 队友 B 在移动过程中完成引拍动作，到位后反手击球；同时，球员 A 向右平移到队友 B 的右后方，为其留出足够的击球空间。

扫一扫，看视频

热身与恢复

姿势与步法

球性练习

发球技术

横拍击球技术

直拍击球技术

削球技术

常用制胜策略

体能训练

**03** 球员 A 完成击球后，迅速向外撤步，从外侧绕到队友 B 的斜后方，为队友 B 让位；同时，队友 B 根据来球落点，迅速向左前方上步，移动至适合反手击球的位置。

逆时针移动

**05** 队友 B 在完成击球后迅速向左后方移动；而球员 A 根据来球路线迅速向斜前方上步，移动至适合反手击球的位置。

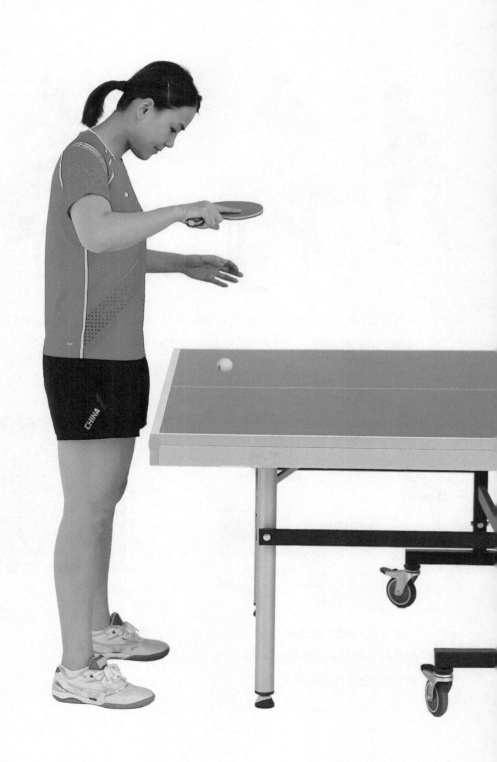

# 第 3 章
# 球性练习

球性练习是每名球员在训练初期必不可少的练习。通过大量的训练，球员可以学会如何灵活控制球拍、击球力度与球的飞行轨迹，掌握击球的手感和球感，提升控球能力、反应速度、空间感以及身体的协调性，为之后学习技术动作打下良好的基础。

扫一扫,看视频

**原地颠球练习 >>**

**01** 双脚开立,与肩同宽。一只手将球拍举到腹前,使球拍正面水平朝上;另一只手持球举在球拍上方 30 厘米左右的位置。

**02** 持球手松手,使球垂直落下,然后在胸前颠球。颠球时,拍面保持水平,先略微向下引拍,在球的下落阶段击球的下部。熟练后可以逐渐控制击球力度,使球每次都垂直弹起至相近的高度。

**其他角度**

扫一扫，看视频

热身与恢复

姿势与步法

球性练习

发球技术

横拍击球技术

直拍击球技术

削球技术

常用制胜策略

体能训练

**01** 在原地进行颠球练习，拍面保持水平，使球能够在身前垂直弹起，并努力保持稳定状态。

**02** 保持颠球姿势，缓慢向前行走。行进时，集中注意力，拍面保持水平，并要控制击球力度，使球能够在身前稳定、垂直地弹起至相近的高度。熟练后，可以逐渐加快行走的速度，或者尝试慢跑颠球，但一定要保证能接住球。

### 其他角度

扫一扫，看视频

**01** 双脚分开，与肩同宽。一只手将球拍举在身前，使球拍正面水平朝上；另一只手持球举在球拍上方50厘米左右的位置。

**02** 持球手松手，让球垂直落下，然后持拍手向上挥拍，在腹部前方用球拍正面击球。之后，手腕向内翻转，让球拍反面朝上，在球下落至腹部时向上挥拍击球。依此类推，交替使用球拍的正面、反面颠球，颠球时，球拍始终保持水平，使乒乓球保持垂直弹跳的状态。

**其他角度**

## 台面拍球练习 >>

姿势与步法

球性练习

发球技术

横拍击球技术

直拍击球技术

削球技术

常用制胜策略

体能训练

**01** 站在距离球台一步远的位置。以横拍方式握拍，右臂抬起，肘关节向内折叠，使前臂水平，右手手腕放松，让球拍反面朝上；左手在球拍下方持球。

**02** 左手松手，让球垂直下落，在球从台面弹起至胸前高度时，用球拍向下拍球，练习规定时间。在台面颠球时，要控制力度与击球时球拍的角度，让球的弹跳轨迹趋于稳定，缩小球的落点范围。

**要点提示**

颠球时，肩膀保持放松，持拍侧手臂架起，以肘关节为支点，前臂发力向下挥拍，并通过手腕的旋转控制击球时球拍的角度。注意，击球力度与球拍角度要适当，使球能够稳定地在台面与球拍之间弹跳。

# 01

两人面对面站立，相隔一定的距离。两人均双脚分开，与肩同宽，将球拍举在腹部前方。如果使用的是横拍握拍方式，则用球拍反面击球；如果使用的是直拍握拍方式，则用球拍正面击球。

# 02

一人向对方发球，另一人将球击回到对面，发球方同样将球击回到对面，依此类推，进行持续的颠球练习。注意要控制力度，使球的飞行轨迹较为平稳，且弹跳不会太高。

## 对墙击球练习 》

扫一扫，看视频

### ◉ 直拍

**01** 正对墙面站好，持拍手以直拍方式握拍，将球拍举在胸前，并使球拍正面朝前。

**02** 手腕下压，使拍面前倾，拍头指向斜下方。将球打向墙面，球反弹回来时，待其下落至胸前高度，继续正手将球打向墙面，依此类推。

### ◉ 横拍

**01** 正对墙面站好，持拍手以横拍方式握拍，将球拍举在胸前，并使球拍反面朝前；另一只手持球置于球拍前方。

**02** 手腕内旋，使拍面略微后仰，之后连续使用反手将球打向墙面。注意，是用球拍反面击球。

热身与恢复

姿势与步法

球性练习

发球技术

横拍击球技术

直拍击球技术

削球技术

常用制胜策略

体能训练

其他角度

# 3.2

## 托球练习

两脚分开，与肩同宽，将球拍举到胸前，并使球拍水平正面朝上，非持拍手将乒乓球放在球拍上。站在原地，身体保持稳定，将注意力集中在球拍上，通过手指与手腕发力不断调整拍形，使球尽可能平稳地停留在球拍上。

**要点提示** 托球时，肩膀保持放松，不要耸肩或塌肩。非持拍手在放完乒乓球后自然垂在体侧，不要碰乒乓球，以免影响托球练习的效果。

热身与恢复

姿势与步法

球性练习

发球技术

横拍击球技术

直拍击球技术

削球技术

常用制胜策略

体能训练

## 行进间托球练习 》

扫一扫，看视频

**01** 在原地进行托球练习，拍面保持水平，使球可以平稳地停留在球拍上。

**02** 待球稳定后，保持托球姿势，适当降低重心，向前行进，其间不断调整球拍角度，使球能够一直停留在球拍上。熟练后，可以加快行进速度，也可尝试改变移动轨迹。

### 其他角度

# 第4章
# 发球技术

熟练掌握各类发球技术是成功运用战术的关键。在比赛中，运动员往往通过不同的发球技术改变球的旋转情况和落点，达到控制对手的目的，从而占据主动权。本章会介绍一些基础发球技术，帮助运动员打好基础，形成正确的发力及运动习惯；还会介绍一些比赛中常用的较为复杂的发球技术，达到先发制人的目的。

**横拍正手发平击球** ≫

# 4.1

## 发平击球

**01** 站位近台，膝盖微屈，两脚分开，略比肩宽，左脚在前。右手以横拍方式握拍，左手持球于掌心。

**02** 抛球的同时向右转身，重心随之右移，带动右臂向右后上方引拍，前臂内旋，使拍面前倾。

**03** 在球从最高点落至稍高于球网的位置时，迅速回身，重心随之左移，带动右臂向左前上方挥动，在身体的右前方击球的中上部。击球后，右臂继续向左前方挥动，然后迅速还原。

热身与恢复

姿势与步法

球性练习

发球技术

横拍击球技术

直拍击球技术

削球技术

常用制胜策略

体能训练

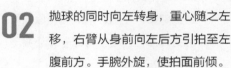
拍面略微前倾

**01** 站位近台偏左，双脚平行开立，略比肩宽。膝盖微屈，身体前倾，右手以横拍方式握拍，左手持球于掌心并置于身体左侧。

**02** 抛球的同时向左转身，重心随之左移，右臂从身前向左后方引拍至左腹前方。手腕外旋，使拍面前倾。

**03** 在球从最高点落至稍高于球网的位置时，向右转身，重心随之右移，右臂向右前上方发力，在身前击球的中上部，并使发球的第一落点在球台底线至中线的范围内。击球后，顺势向右前上方挥拍，重心继续向右移动，然后迅速还原。

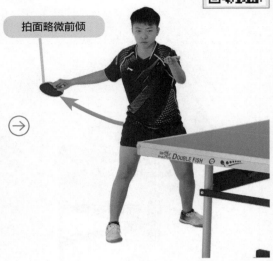

拍面略微前倾

**01** 站位近台，膝盖微屈，两脚分开，略比肩宽，左脚在前。右手以直拍方式握拍，左手持球于掌心并置于身前。

**02** 抛球的同时向右转身，重心随之右移，右臂抬起并自然弯曲，向右后上方引拍，前臂内旋，使拍面前倾。

击球点在身体右前方

**03** 在球从最高点落至稍高于球网的位置时，迅速回身，重心随之左移，带动右臂向左前上方挥动，在身体的右前方击球。击球后，右臂继续向左前方挥动，然后迅速还原。

**要点提示** 击球瞬间，用球拍击球的中上部，且要有一个略微向前下方压球的动作。发球的第一落点要在球台底线至中线的范围内。

## 直拍反手发平击球 »

扫一扫，看视频

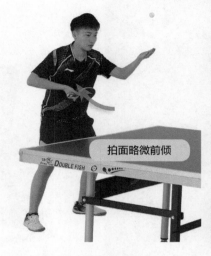

拍面略微前倾

**01** 站位近台偏左，双脚平行开立，略比肩宽。膝盖微屈，含胸收腹，右手以直拍方式握拍，左手持球于掌心并置于身体左侧。

**02** 抛球的同时略微向左转身，右臂从身前向后方引拍至腹前，拍头指向左侧。手腕外旋，使拍面略微前倾。

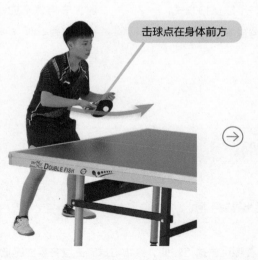

击球点在身体前方

**03** 在球从最高点落至稍高于球网的位置时，向右转身，重心随之右移，右臂向右前上方发力，在身前击球的中上部。击球后，顺势向右前上方挥拍，重心移至右脚，然后迅速还原。注意，发球的第一落点要在球台底线至中线的范围内。

热身与恢复

姿势与步法

球性练习

发球技术

横拍击球技术

直拍击球技术

削球技术

常用制胜策略

体能训练

# 4.2

## 发奔球

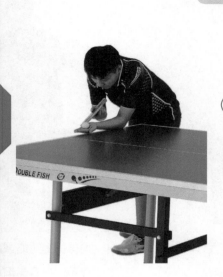

拍面前倾

**01** 站在球台左角外侧，两脚分开，与肩同宽，左脚在前。身体前倾，右手以横拍方式握拍，左手持球于掌心并置于身体左前方。

**02** 抛球的同时向右转身，重心随之右移，右臂抬起，肘关节自然弯曲，向身体的右后方引拍，前臂内旋，使拍面前倾。

### 常见问题和纠正方法

**NO 问题** 发球容易出界或下网。

**YES 纠正** 击球时，要保证击球点较低，基本与球网高度齐平或略低于球网高度，以降低发球的飞行弧线高度。第一落点要尽量靠近本方端线，使得发球落点较长，以便发出长球。

击球点要比较低

**03** 在球下落至与球网高度相近的位置时，向左转身，同时右手上臂架起，以肘关节为支点，向左前上方加速挥拍，拍面前倾，拍头朝下，摩擦球的中上部。

**04** 击球后，重心左移，并继续向左前方挥拍，但要尽快制动，缩短随挥距离。之后迅速还原。

其他角度

热身与恢复

姿势与步法

球性练习

发球技术

横拍击球技术

直拍击球技术

削球技术

常用制胜策略

体能训练

拍面前倾

**01** 站位中近台，两脚分开，与肩同宽，右脚在前。膝盖微屈，身体前倾。右手以横拍方式握拍，左手持球于掌心并置于身体左前侧。

**02** 抛球的同时向左转身，重心随之左移。右臂从身前向左后下方引拍至左腹前方，前臂内旋，使拍面前倾。

## 常见问题和纠正方法

 发出的奔球球速较慢。

 不管是直拍还是横拍，在引拍和挥拍时，手腕要保持放松；击球瞬间，手腕做一个向前上方抖动的动作，弹击发力，且该动作爆发力要强。

扫一扫，看视频

热身与恢复

姿势与步法

球性练习

发球技术

横拍击球技术

直拍击球技术

削球技术

常用制胜策略

体能训练

击球点要比较低

**03** 在球下落至与球网高度相近的位置时，向右转回，重心右移，带动右臂向右前上方加速挥拍。击球时，拍面前倾，摩擦球的中上部。

**04** 击球后，重心继续向右移动，并继续向右前方挥拍，但要尽快制动，缩短随挥距离。之后迅速还原。

### 其他角度

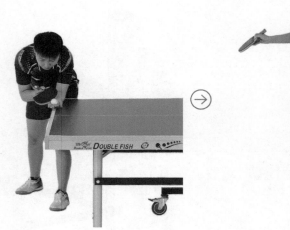

**01** 站在球台左角外侧，并尽量靠近球台，左脚在前。身体前倾，右手以直拍方式握拍，左手持球于掌心并置于身体左前侧。

**02** 抛球的同时向右转身，重心随之右移，右臂上抬，肘关节自然弯曲，向身体右后方引拍，手腕内旋，使球拍稍横向立起。

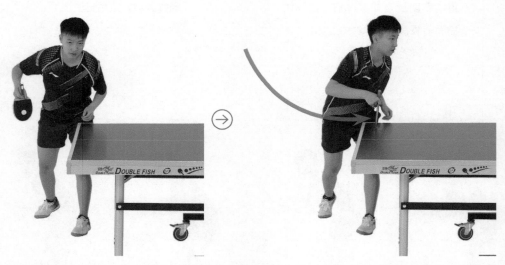

**03** 在球下落至与球网高度相近的位置时，向左转身，右手上臂架起，以肘关节为支点，向左前下方加速挥拍，球拍立起，拍头朝下，在腰部附近击球的中部。击球后手臂继续前挥，并尽快制动，身体重心最终移至左脚。之后迅速还原。

# 直拍反手发奔球 >>

**01** 靠近球台，双脚开立，与肩同宽，右脚在前。身体前倾，膝盖微屈。右手以横拍方式握拍，左手托球于掌心并置于身体的左前侧。

**02** 抛球的同时向左转身，重心随之左移，右臂从身前向左下方引拍至左腹前方，手腕放松，使拍面垂直于地面，拍头指向左侧。

**03** 在球下落至与球网高度相近的位置时，迅速回身，向右前上方加速挥拍。击球时，拍面前倾，击球的中上部，手腕瞬间抖动发力。击球后，继续向右前方挥拍，并尽快制动，身体重心最终移至右脚。之后迅速还原。

热身与恢复

姿势与步法

球性练习

发球技术

横拍击球技术

直拍击球技术

削球技术

常用制胜策略

体能训练

发不转球

拍面后仰

**01** 站在球台左角外侧，双脚前后开立，左脚在前。膝盖微屈，身体前倾，含胸收腹，右手以横拍方式握拍，左手持球于掌心并置于身体左前侧。

**02** 抛球的同时向右转身，重心随之右移，右臂抬起，自然弯曲，向后上方引拍至身体的斜后方，手腕适当放松并外旋，使拍面后仰。

## 常见问题和纠正方法

 发出的球带的旋转较大。

 发不转球时，球拍稍后仰或直立，用靠近拍柄的位置击球的中部，使作用力接近球心，同时加速向前推送球，而不是去摩擦球，以形成不转球。

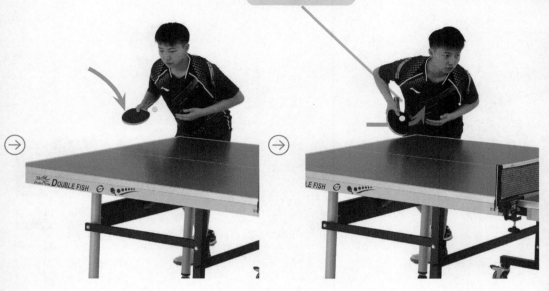

多向前推出球

扫一扫，看视频

热身与恢复

姿势与步法

球性练习

发球技术

横拍击球技术

直拍击球技术

削球技术

常用制胜策略

体能训练

**03** 在球从最高点落至稍高于球网或与球网同高的位置时，向左转身，重心左移，以肘关节为支点，右手前臂加速向左下方发力，在胸前击球。击球时，拍面略微后仰或直立，用球拍的上半部分击球的中部，并近似将球向前推出。此时，球拍要有吃不住球的感觉。击球后，随势多向前推送球，然后迅速还原。

其他角度

拍面后仰

**01** 站在左半台，两脚前后开立，右脚在前。膝盖微屈，身体前倾，右手以横拍方式握拍，左手持球于掌心并置于身体前方。

**02** 抛球的同时向左转身，重心随之左移，右臂向内折叠，从身前向左后上方引拍至左肩前方，手腕放松并内旋，使拍面后仰。

---

### 常见问题和纠正方法

**NO 问题** 发球弧线高度过高，使对手直接抢攻。

**YES 纠正** 击球点决定着发球的弧线高度。同样，如果击球点过低，发球还容易不过网。所以，挥拍击球时的高度要适当，发不转球时最好在球从最高点落至与球网同高的位置时击球。

扫一扫，看视频

热身与恢复

姿势与步法

球性练习

发球技术

横拍击球技术

直拍击球技术

削球技术

常用制胜策略

体能训练

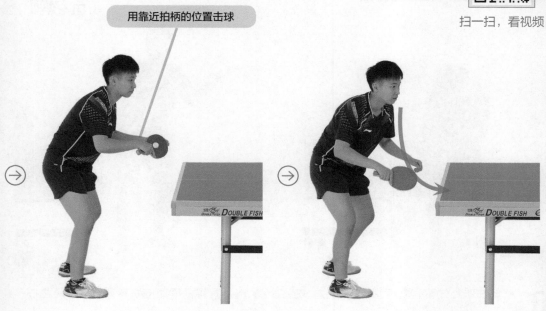

用靠近拍柄的位置击球

**03** 在球从最高点落至稍高于球网或与球网同高的位置时，向右转回，重心右移，同时以肘关节为支点，右手前臂加速向右前下方发力，在身体前方击球。击球时，拍面直立或略微后仰，用球拍的上半部分击球的中部，并以球心为作用点将球向前推出，此时手腕与手臂要有送球的感觉。击球后，随势挥拍多向前发力，然后迅速还原。

**小知识**

不转球并不是指发出的球完全不旋转，其带有轻微的下旋，在落到球台后停止旋转。发不转球时，一般以近网短球为主，在比赛中，也可以根据对手特点与之后战术，兼顾选择长球。不转球与下旋球的发球动作几乎一样，只要改变球拍的击球位置和发力方向便可以发出下旋球。在比赛中，球员往往都在球拍触球瞬间才决定发出的球是转还是不转，通过相似的动作发出旋转反差较大的球，达到迷惑对手的目的，让自己直接得分或者为后续进攻创造机会。

**01** 站在球台左角外侧，两脚前后开立，左脚在前。膝盖微屈，身体前倾，含胸收腹，右手以直拍方式握拍，左手持球于掌心并置于身体左前侧。

**02** 抛球的同时向右转身，重心随之右移，右臂抬起并自然弯曲，向右后上方引拍至身体的斜后方，手腕放松并略微外旋，使拍面后仰。

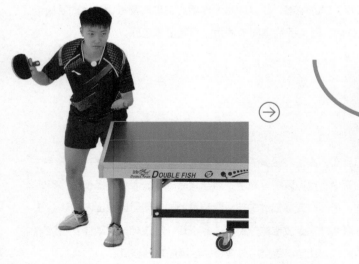

**03** 在球从最高点落至稍高于球网或与球网同高的位置时，向左转身，带动右臂向左前下方加速挥拍，在胸前击球。击球时，拍面后仰，用球拍的上半部分击球的中下部，然后将球向前推出。击球后，尽快停住随势动作，然后迅速还原。

热身与恢复

姿势与步法

球性练习

发球技术

横拍击球技术

直拍击球技术

削球技术

常用制胜策略

体能训练

## 直拍反手发不转球》

扫一扫，看视频

**01** 站在左半台，两脚分开，与肩同宽，右脚略靠前。屈膝，身体前倾，右手以直拍式握拍，左手持球于掌心并置于身体前方。

**02** 抛球的同时向左转身，重心随之左移，右臂向内折叠，从身前向左后上方引拍至左肩前方，并使拍面后仰。

**03** 在球从最高点落至稍高于球网或与球网同高的位置时，身体向右转回，重心向右移动，带动右手前臂向右前下方加速发力，挥拍击球。击球时，拍面直立或略微后仰，用球拍的上半部分击球的中部，此时以手腕向前发力的感觉，近似将球向前推送出去。击球后，尽快停住随势动作，然后迅速还原。

# 4.4

## 发旋转球

**横拍反手发上旋球** »

拍面略微后仰

**01** 站在左半台靠左侧，两脚分开，右脚稍靠前。膝盖微屈，身体前倾，右手以横拍方式握拍，左手持球于掌心并置于身体前方。

**02** 抛球的同时腰部与肩膀向左转动，重心左移，肘关节向内折叠，右臂从身前向左后方引拍至身体左侧。手腕内旋，使拍面略微后仰。

**要点提示** 横轴是通过球心且与球台端线平行的轴，绕横轴沿飞行方向向前旋转的球为上旋球，其速度快，在过网后会有明显的下坠趋势。反之，绕横轴沿飞行方向向后旋转的球为下旋球，其速度较慢，飞行轨迹更为多变，且不便于被反手回击。

下旋球

上旋球

热身与恢复

姿势与步法

球性练习

发球技术

横拍击球技术

直拍击球技术

削球技术

常用制胜策略

体能训练

**03** 在球从最高点落至稍高于球网或与球网同高的位置时，向右转身，重心随之右移，向右前下方挥拍，在胸前击球。击球时，拍面略微后仰，并用球拍靠近上方边缘的部分击球，然后以肘关节为支点，迅速向上提拉球拍，以充分摩擦乒乓球的后部，加强上旋。击球后，随势挥拍，然后迅速还原。

> **要点提示**
>
> 为了使发球的旋转性质不同，球拍击球的位置就要有所变化，方便向不同方向充分摩擦乒乓球，使其上旋或下旋。

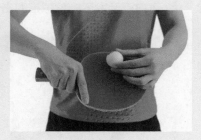

横拍反手发上旋球

横拍反手发下旋球

拍面后仰

**01** 站在左半台靠左侧，两脚前后开立，右脚在前。膝盖微屈，身体前倾，右手以横拍方式握拍，左手持球于掌心并置于身体前方。

**02** 抛球的同时向左转身，重心向左移动，右侧手臂向内折叠，向左后上方引拍至左肩前方，手腕适当放松并内旋，使拍面后仰。

---

拓展知识

● 直拍反手发上旋球球拍的击球位置

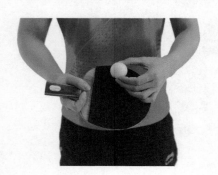

● 直拍反手发下旋球球拍的击球位置

热身与恢复

姿势与步法

球性练习

发球技术

横拍击球技术

直拍击球技术

削球技术

常用制胜策略

体能训练

用靠近拍头的位置击球

**03** 在球从最高点落至稍高于球网或与球网同高的位置时，向右转身，重心随之右移，以肘关节为支点，右臂向右前下方发力，在胸前击球。击球时，用球拍的下半部分靠近地面的部分摩擦球的中下部，同时手指与手腕瞬间向前下方发力，加强下旋。击球后，随势向斜下方挥拍，然后迅速还原。

其他角度

拍面略微后仰

**01** 站在球台左角外侧，两脚分开，与肩同宽，左脚在前。身体前倾，右手以横拍方式握拍，左手持球于掌心并置于身体左前侧。

**02** 抛球的同时向右转身，重心随之右移，右臂抬起并向右后上方引拍，手腕外旋，使拍面略微后仰。

---

### 常见问题和纠正方法

 **NO 问题** 发出的左侧上旋球旋转不够。

 **YES 纠正** 引拍时，要充分向右转身，手腕保持放松。击球点靠近胸前，且在击球瞬间，手腕要加速向左上方抖动，以加强上旋。

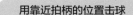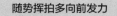

扫一扫,看视频

**03** 在球落至稍高于球网或与球网同高的位置时,向左转回,右手上臂架起,以肘关节为支点,前臂加速向左前下方发力,在胸前击球。击球时,拍面略微后仰或直立,用球拍的上半部分击球的中部或中上部。击球后,随势挥拍,并多向前推送球,然后迅速还原。

其他角度

热身与恢复 姿势与步法 球性练习 发球技术 横拍击球技术 直拍击球技术 削球技术 常用制胜策略 体能训练

用靠近拍柄的位置击球 随势挥拍多向前发力

第4章 发球技术　081

拍面略微后仰

**01** 站在球台左角外侧，两脚分开，与肩同宽，左脚在前。身体前倾，右手以横拍方式握拍，左手持球于掌心并置于身体左前侧。

**02** 抛球的同时向右转身，重心随之右移，右臂抬起并向右后方引拍，手腕外旋，使拍面略微后仰。

要点提示

左侧旋球会向对手视角里的左侧拐弯；而右侧旋球会向对手视角里的右侧拐弯。左侧旋球与右侧旋球的移动轨迹如下图所示。

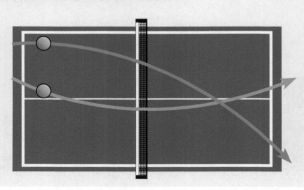

左 侧 旋 球

右 侧 旋 球

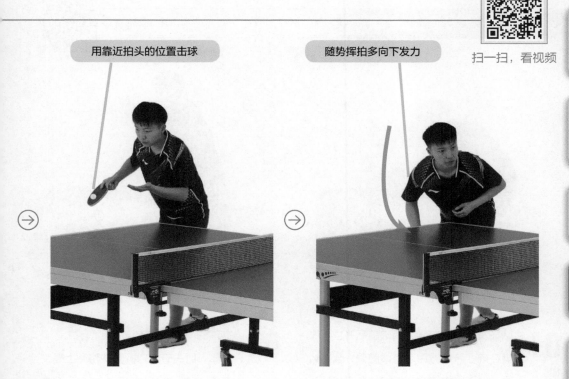

用靠近拍头的位置击球

随势挥拍多向下发力

**03** 在球落至稍高于球网或与球网同高的位置时，向左转回，右手上臂架起，以肘关节为支点，前臂加速向左前下方发力，在胸前击球。击球时，拍面后仰，用球拍的下半部分摩擦球的中下部；并且触球瞬间，持拍手向左前下方发力抖动，以充分摩擦乒乓球。击球后，随势向下挥拍，然后迅速还原。

### 其他角度

热身与恢复

姿势与步法

球性练习

发球技术

横拍击球技术

直拍击球技术

削球技术

常用制胜策略

体能训练

扫一扫，看视频

**01** 站在左半台靠左侧，两脚前后开立，右脚在前。膝盖微屈，身体前倾，含胸收腹，右手以横拍方式握拍，左手持球于掌心并置于身体前方。

**02** 抛球的同时向左转身，重心随之移至左脚，肘关节向内折叠并略微上提，向左上方引拍至左肩前方，手腕内旋，使拍面稍向后仰或直立。

**03** 在球从最高点落至稍高于球网或与球网同高的位置时，向右转回，以肘关节为支点，向右前下方加速挥拍，在胸前击球。击球时，用球拍的上半部分击球的中部，同时手腕迅速向右上方抖动，以充分摩擦乒乓球。击球后，随势向右上方挥拍，然后迅速还原。

热身与恢复

姿势与步法

球性练习

发球技术

横拍击球技术

直拍击球技术

削球技术

常用制胜策略

体能训练

**01** 站在左半台靠左侧，两脚前后开立，右脚在前。膝盖微屈，身体前倾，含胸收腹，右手以横拍方式握拍，左手持球于掌心并置于身体前方。

**02** 抛球的同时向左转身，重心随之移至左脚，肘关节向内折叠并略微上提，向左上方引拍至左肩前方，手腕内旋，使拍面后仰。

**03** 在球从最高点落至稍高于球网或与球网同高的位置时，向右转回，重心向右移动，以肘关节为支点，带动右手前臂向右前下方加速发力，在胸前击球。击球时，用球拍的下半部分击球的中下部，并且手腕、食指与拇指瞬间向右前下方发力，以充分摩擦乒乓球，加强下旋。击球后，继续向右下方挥拍，然后迅速还原。

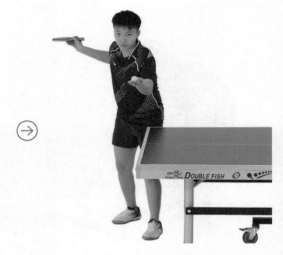

**01** 站在球台左角外侧，身体侧向球台，两脚前后开立，左脚在前。膝盖微屈，身体前倾，含胸收腹，右手以直拍方式握拍，左手持球于掌心并置于身体左前方。

**02** 抛球的同时向右转身，重心随之向右移动。右臂抬起，自然弯曲，向右后方引拍，手腕放松，使拍面接近水平，球拍正面朝上。

**03** 在球落至稍高于球网或与球网同高的位置时，向左转身，右手上臂抬至接近水平，以肘关节为支点，前臂加速向左前下方发力，在身前击球的中部。击球时，拍面接近直立，拍头朝下，手腕瞬间向内抖动，横向挥拍，以充分摩擦乒乓球。击球后，随势向外挥拍，然后迅速还原。

## 直拍正手发左侧下旋球 》

扫一扫，看视频

热身与恢复

姿势与步法

球性练习

发球技术

横拍击球技术

直拍击球技术

削球技术

常用制胜策略

体能训练

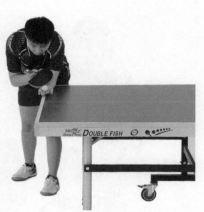

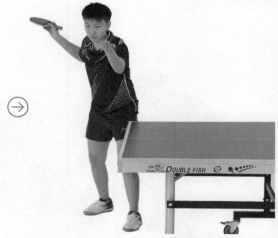

**01** 站在球台左角外侧，身体侧向球台，两脚前后开立，左脚在前。膝盖微屈，身体前倾，含胸收腹，右手以直拍方式握拍，左手持球于掌心并置于身体左前方。

**02** 抛球的同时向右转身，重心随之向右移动。右臂抬起，自然弯曲，向右后方引拍，手腕放松，使拍面略微后仰，拍头指向斜上方。

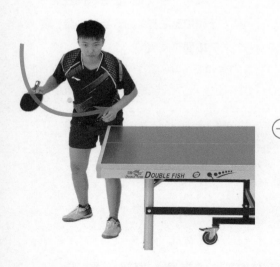

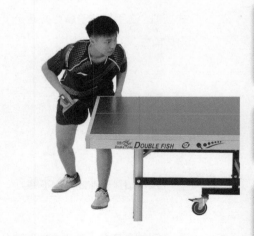

**03** 在球落至稍高于球网或与球网同高的位置时，向左转身，右手上臂抬高，以肘关节为支点，向左前下方加速挥动前臂，在腹部前方击球。击球时，拍面略微后仰，用球拍的下半部分击球，以充分摩擦球的中下部，并且手指和手腕瞬间向内抖动，使球侧旋。击球后，顺势向左下方挥拍，然后迅速还原。

## 直拍反手发右侧上旋球 ≫

拍面后仰

**01** 站在左半台靠左侧，两脚前后开立，右脚在前。膝盖微屈，身体前倾，含胸收腹，右手以直拍方式握拍，左手持球于掌心并置于身体前方。

**02** 抛球的同时向左转身，重心向左移动，右臂向内折叠，向左上方引拍至左胸前方，手腕内旋，使拍面略微后仰。

### 常见问题和纠正方法

**NO 问题** 发不出侧旋球或侧旋不够。

**YES 纠正** 引拍要充分，并在击球时充分利用转体的力量。发右侧上旋球时，要在击球瞬间向右上方抖动手腕，即在从向右前下方挥拍转为向右上方挥拍之前击球。

扫一扫，看视频

热身与恢复

姿势与步法

球性练习

发球技术

横拍击球技术

直拍击球技术

削球技术

常用制胜策略

体能训练

用靠近拍柄的位置击球

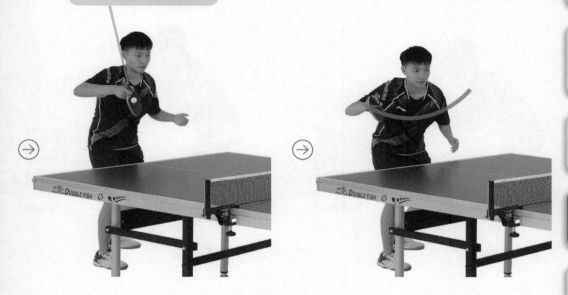

**03** 在球从最高点落至稍高于球网或与球网同高的位置时，向右转回，充分利用转腰的力量，向右前下方加速挥动右手前臂，在胸前击球。击球时，用球拍的上半部分击球，充分摩擦球的中部，并迅速向外抖动手腕，向右上方挥拍，使球侧旋。击球后，顺势向右上方挥拍，然后迅速还原。

### 其他角度

# 直拍反手发右侧下旋球 »

拍面后仰

**01** 站在左半台靠左侧，两脚前后开立，右脚在前。膝盖微屈，身体前倾，含胸收腹，右手以直拍方式握拍，左手持球于掌心并置于身体前方。

**02** 抛球的同时向左转身，重心向左移动，右臂向内折叠，从身前向左上方引拍至左胸前方，手腕内旋，使拍面后仰。

## 常见问题和纠正方法

**NO 问题** 发球无法在对方球台形成拐弯的轨迹。

**YES 纠正** 发侧下旋球时，在球拍向前下方挥动时击球。击球时，拍面后仰，手腕迅速向侧下方抖动发力，充分摩擦球的中下部。

扫一扫，看视频

热身与恢复

姿势与步法

球性练习

发球技术

横拍击球技术

直拍击球技术

削球技术

常用制胜策略

体能训练

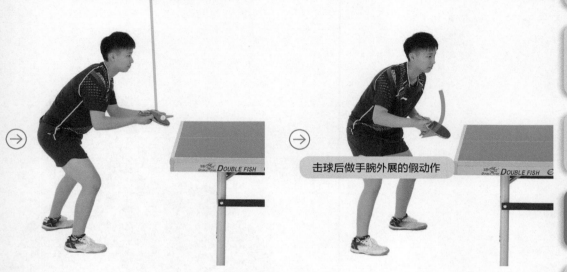

用靠近拍头的位置击球

击球后做手腕外展的假动作

**03** 在球从最高点落至稍高于球网或与球网同高的位置时，向右转身，重心随之右移，带动右手前臂加速向右前下方挥动，在身前击球。击球时，拍面后仰，用球拍的下半部分充分摩擦球的中下部，加强下旋，同时手腕、食指与拇指瞬间发力，向右下方抖动，使球侧旋。击球后，可再做一个手腕外展的假动作，迷惑对手，然后迅速还原。

**其他角度**

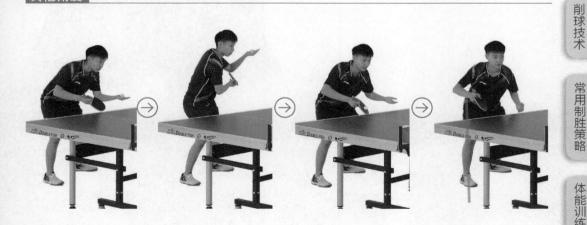

# 第5章

# 横拍击球技术

如果想要提高击球质量、降低失误率，需要根据来球的性质选择合适的击球技术，力求有效破解对手的战术，避免陷入被动的局面。本章会介绍一些比赛中常用的横拍击球技术，让运动员学会准确判断球的旋转性质及控制落点，灵活应对不同种类的来球。

## 横拍正手攻球 》

拍面前倾

**01** 判断来球,移动到合适的近台位置。到位后,双脚前后开立,左脚略微在前,膝盖微屈,身体前倾。之后,左脚蹬地,腰部带动身体向右转动,重心随之右移,右手上臂带动前臂向右后方引拍至腰部附近,前臂稍向内旋,使拍面前倾,且球拍不低于球台。引拍时,右臂屈肘,使上臂与前臂的夹角在 100~130 度。

---

### 常见问题和纠正方法

**NO 问题** 回球质量不高,容易下网或出界。

**YES 纠正** 在来球的高点期,以肘关节为支点,上臂带动前臂向左前上方挥拍,并在身体右前方击球。击球时,手腕保持相对固定,不要依靠甩手腕来发力,而是通过手臂发力挥拍击球。

扫一扫，看视频

热身与恢复

姿势与步法

球性练习

发球技术

横拍击球技术

直拍击球技术

削球技术

常用制胜策略

体能训练

在身体的右前方击球

**02** 在来球进入高点期时，右脚蹬地，腰部带动身体迅速向左转回，重心随之左移，同时向左前上方挥拍，并在身体右前方击球。击球时，拍面前倾，用球拍击球的中上部，且手腕保持相对固定，前臂向左前上方发力。击球后，继续向左前上方挥拍至左眼前方，同时重心移向左脚，最后迅速还原。

其他角度

**01** 判断来球，当来球落点在左半台时，使用并步向左前方移动，同时向右转身，充分侧身，并在移动的过程中向后引拍至体侧。引拍时，要仔细观察来球：如果来球是下旋球，则要使拍面垂直于地面，并引拍至低于球台的位置；如果来球是上旋球，则手腕内旋，使拍面前倾，并引拍至大概与球台同高的位置。

击球点

**02** 在来球进入高点期时，腰部向左转动，重心随之左移，带动右臂向左前上方发力，充分利用腰部转动的力量进行挥拍，在身体的右前方击球。击球后，随势挥拍，然后迅速撤回近台位置，并还原成准备姿势。

热身与恢复

姿势与步法

球性练习

发球技术

横拍击球技术

直拍击球技术

削球技术

常用制胜策略

体能训练

## 横拍中近台反手攻球 ≫

扫一扫，看视频

中近台

**01** 判断来球，移动到中近台，即距离球台 70 厘米的位置。到位后双脚平行开立，膝盖自然弯曲，身体稍向前倾。

**02** 含胸收腹，向左转身，重心随之左移，同时右肩下沉，右臂向内折叠，肘关节稍向前顶，向左后下方引拍至左腹前方，手腕内勾，使拍面前倾。

**03** 在来球进入高点期时，核心收紧，向右转身，带动右臂从身前向右前上方挥动，在身体前方击球。击球时，球拍略微前倾，并以前臂发力为主。击球后，继续向斜前方挥拍，最后迅速还原。

# 5.2

## 搓球

**01** 判断来球，移动到近台位置。到位后，双脚平行开立，与肩同宽，膝盖微屈，身体前倾。

**02** 右脚向前上步，伸至台下，略微向右转身，并将重心落在右腿上。移动的过程中屈肘，稍向右后上方引拍，右臂外旋，使拍面后仰。

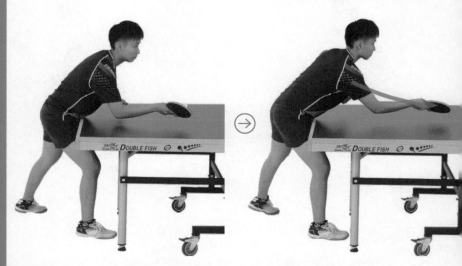

**03** 在球的上升后期，向左转回，右臂迎球前伸，向前下方挥拍，在身体的右前方击球。击球时，拇指用力压拍，使拍面后仰，用球拍的下半部分摩擦球的中下部。击球后，小幅度随势挥拍，之后迅速还原。

## 横拍反手搓球 »

扫一扫，看视频

热身与恢复

姿势与步法

球性练习

发球技术

横拍击球技术

直拍击球技术

削球技术

常用制胜策略

体能训练

 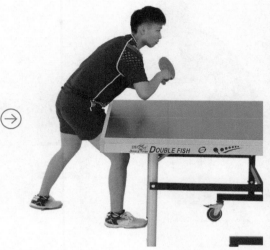

**01** 判断来球，移动到近台位置。到位后，双脚平行开立，与肩同宽，膝盖微屈，身体前倾。

**02** 右脚向前上步，伸至台下，略微向左转身，并将重心落在右腿上。在移动的过程中手臂向内折叠，从身前向左后方引拍至胸前，右臂内旋，使拍面后仰。

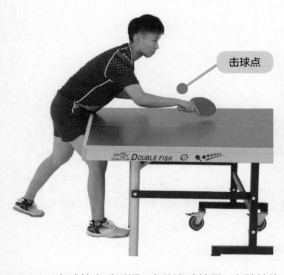

击球点

**要点提示** 上步时，重心要同时转移，身体前倾，靠近来球。拍面后仰的角度要根据来球的旋转性质而定。如果来球旋转较强，那拍面后仰幅度要较大；如果来球旋转较弱，那拍面略微后仰即可。

**03** 在球的上升后期，身体迎球转回，右臂前伸，以肘关节为支点，向右前下方挥拍，在胸前击球。击球时，拍面后仰，击球的中下部，手腕向前下方发力，且食指和拇指也要略微发力，使球拍向前下方搓去。击球后，小幅度随势挥拍，之后迅速还原。

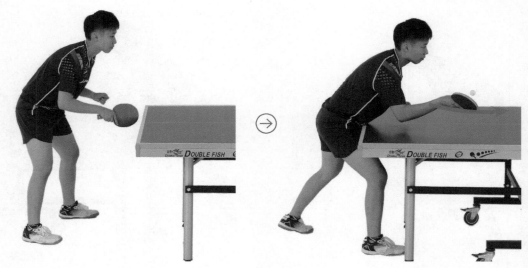

**01** 判断来球，移动到近台位置。到位后，双脚平行开立，与肩同宽，膝盖微屈，身体前倾。右脚向前上步，使身体接近球台，并略微向右转身，将重心移至右脚。移动的过程中，右臂前伸并屈肘，使右臂充分伸入台内，并小幅度引拍至右胸前方。在来球上升前期，向前下方挥拍，拍面后仰，瞬间发力，击球的中下部，充分利用来球的冲力将球击回。

**小知识**

摆短搓球一般用于回击近网下旋短球，其击球时间较早，不管是使用正手还是反手击球，都是在来球刚从台面弹起时击球。击球时，要充分利用来球的冲力将其击回，并控制回球落点在对方球台的近网处。

**02** 击球后，继续向前下方挥拍，并让挥拍距离尽可能短。然后右脚蹬地后撤，迅速还原成起始姿势。

## 横拍反手摆短搓球 ≫

扫一扫，看视频

热身与恢复

姿势与步法

球性练习

发球技术

横拍击球技术

直拍击球技术

削球技术

常用制胜策略

体能训练

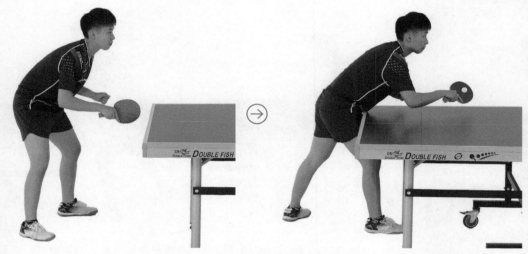

**01** 判断来球，移动到近台位置。到位后，双脚平行开立，与肩同宽，膝盖微屈，身体前倾。右脚向前上步，使身体接近球台，并略微向左转身，将重心移至左脚。移动的过程中，右臂前伸并向内折叠，向左后上方小幅度引拍至左腹前方。在来球上升前期，右手前臂和手腕瞬间发力，向前下方挥拍，拍面后仰，击球的中下部，利用来球的冲力将球击回。

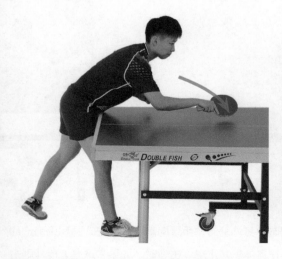

**要点提示**

击球时，动作不宜过大，以借力击球为主。上步时，重心一定要同时前移，且让右脚的脚跟先着地，帮助身体保持稳定，使移动动作更加敏捷。此外，上步虽然要使身体接近球台，但一定要预留出充分的击球空间，保证回球质量。

**02** 击球后，继续向前下方挥拍，并让挥拍距离尽可能短，以免打出长球。然后右脚蹬地后撤，迅速还原成起始姿势。

# 5.3

## 挑短球

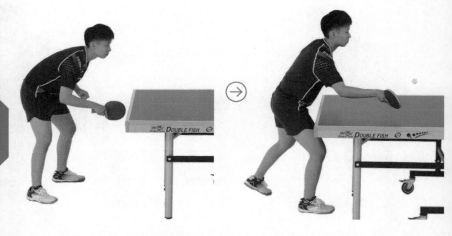

**01** 判断来球，然后右脚通过单步或者跨步向前上步，伸至台下，靠近球台，并略微向右转身，让重心随之移至右脚。同时，右臂前伸并外撇，肘关节自然弯曲，小幅度向右后方引拍，并根据来球的旋转性质调整拍形。如果来球是上旋球则拍面前倾，来球是下旋球则拍面后仰。

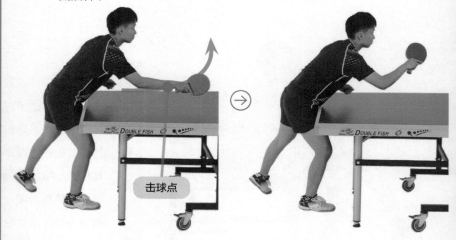

击球点

**02** 在来球进入高点期时，身体前迎，手臂向前下方伸去，并利用前迎动作加快挥拍速度，在身体前方击球。击球时，如果来球是上旋球则击球的中上部，如果是下旋球则击球的中部或中下部，同时手腕瞬间向前上方发力，进行挑打。击球后，随势向前上方挥拍，然后右脚蹬地后撤，迅速还原。

热身与恢复

姿势与步法

球性练习

发球技术

横拍击球技术

直拍击球技术

削球技术

常用制胜策略

体能训练

## 横拍台内反手挑短球 »

扫一扫，看视频

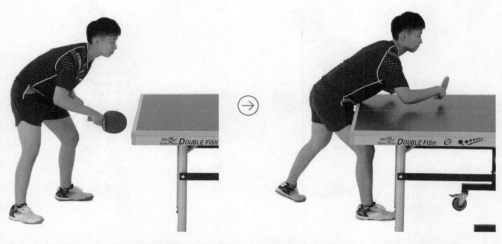

**01** 判断来球，移动到近台位置。左脚蹬地，右脚向前迈步伸至台下，使身体靠近球台，重心随之移至右脚。身体前倾，略微向左转动，右臂前伸到台面上方并向内折叠，肘关节略向前顶，从身前小幅度向后引拍至左腹前方，手腕下压并略微内旋，使拍面稍向后仰。

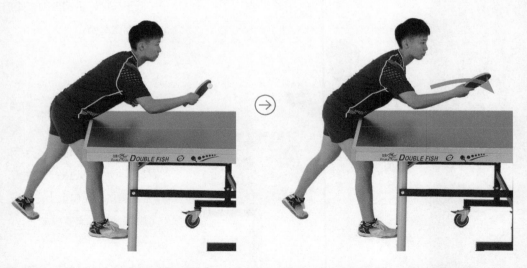

**02** 在来球进入高点期时，身体前迎，以肘关节为支点，向右前上方挥拍，在身前完成挑球动作。击球时，以手腕发力为主，使球拍外撇（右上方）。如果来球为下旋球，则拍面后仰，击球的中下部；来球为上旋球则拍面前倾，击球的中上部。击球后，随势向右前上方挥拍，然后右脚后撤，迅速还原。

# 5.4

## 快带

**01** 判断来球，移动到近台位置。到位后，双脚平行开立，略比肩宽，膝盖微屈，身体前倾。

**02** 微微向右转身，重心随之右移，右臂自然弯曲，小幅度向右后下方引拍，使球拍稍低于来球，手腕内旋，使拍面略微前倾。

击球点

### 小知识

正手快带的动作小且快，回球弧线高度低，落点选择多，经常用于回击加转弧圈球，利用来球的冲力主动还击。其主要依靠前臂的力量向前上方挥拍摩擦球，故击球点要靠前一些。

**03** 在来球上升期，腰与髋部向左转动，右手上臂向内靠近身体，前臂向左前方发力挥拍，并在身体的右前方击球。击球时，拍面前倾，手腕与拍形保持固定，击球的中上部。击球后，继续向左前上方挥拍，然后迅速还原。

热身与恢复

姿势与步法

球性练习

发球技术

横拍击球技术

直拍击球技术

削球技术

常用制胜策略

体能训练

**01** 判断来球，移动到近台位置。到位后，双脚平行开立，略比肩宽，膝盖微屈，身体前倾。

**02** 微微向左转身，重心随之左移，右臂屈肘，从身前向左后方引拍至左腹前方，右手前臂外旋，使拍面接近水平。

**03** 在来球上升期，腰与髋部向右转回，带动右手前臂向右上方发力，在胸前击球，且击球点要靠前一些。击球时，手腕保持相对固定，以前臂发力为主，拍面前倾，击球的中上部，并向上摩擦球。击球后，随势向右前上方挥拍，然后迅速还原。

# 5.5

## 弧圈球

拍面前倾

中台

**01** 判断来球,移动到中台位置。到位后,双脚前后开立,略比肩宽,左脚在前。

**02** 向右转身,右肩下沉,降低重心并将重心移至右腿。右臂自然向下伸直,向右后方引拍至大腿后侧,手腕内旋,使拍面前倾。

### 小知识

加转弧圈球上旋强烈、飞行弧线高度高、球在落台后下滑速度快,经常用于回击下旋球与削球。在比赛中,可以将加转弧圈球与前冲弧圈球配合在一起使用,灵活控制击球节奏,创造主动机会。注意,在拉加转弧圈球时,引拍要多向下、少向后;击球时要充分利用蹬地与转腰的力量,前臂以向上用力为主、向前用力为辅,去摩擦球制造旋转。

扫一扫，看视频

热身与恢复

姿势与步法

球性练习

发球技术

横拍击球技术

直拍击球技术

削球技术

常用制胜策略

体能训练

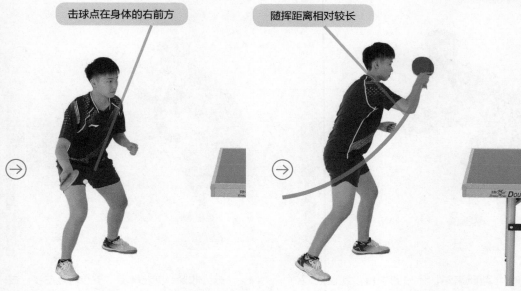

击球点在身体的右前方

随挥距离相对较长

**03** 在来球下落前期，右脚用力蹬地，向左转身，重心随之左移，右手上臂发力，带动前臂向左前上方挥拍，在身体的右前方击球。击球时，拍面前倾，前臂瞬间内收，用球拍的下半部分摩擦球的中部或中上部。击球后，重心继续左移，并继续向左前上方挥拍至额头的左前方，然后左腿蹬地，迅速还原成起始姿势。

## 常见问题和纠正方法

拉球无力，球无弧线，经常不过网。

挥拍时，核心收紧，双腿向上发力。击球时，前臂要向左前上方发力，而不是单纯向上用力；手腕内旋，使拍面稍向前倾，摩擦球的中部或中上部。

扫一扫，看视频

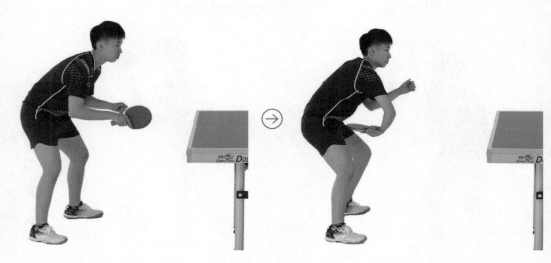

**01** 判断来球，移动到中台。到位后双脚前后开立，左脚在前，膝盖微屈，身体稍向前倾。

**02** 核心收紧，向左转身，重心随之左移。右肩下沉，右臂向内折叠，使肘关节向前顶出，从身前向左后下方引拍至大腿前侧，手腕内勾，使球拍正面朝上，略微前倾。

**03** 在来球下落前期，两脚用力蹬地，核心收紧，向右转身，重心随之右移。同时，以肘关节为支点，右手前臂向右前上方发力，在身体的右前方击球。击球时，手腕向外旋转，使得拍面前倾，击球的中部或中上部。击球后，继续向右前上方挥拍至头部右侧，然后迅速还原。

横拍正手前冲弧圈球 >>

扫一扫，看视频

热身与恢复

姿势与步法

球性练习

发球技术

横拍击球技术

直拍击球技术

削球技术

常用制胜策略

体能训练

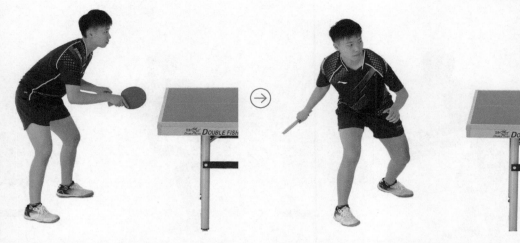

**01** 判断来球，移动到近台。到位后双脚前后开立，略比肩宽，左脚在前，膝盖微屈，身体稍向前倾。

**02** 左脚蹬地，向右转身，重心向右移动，同时右肩下沉，右手前臂带动上臂向身体右后下方引拍。手腕内旋，使拍面前倾。此时球拍位置不需太低，但要低于来球。

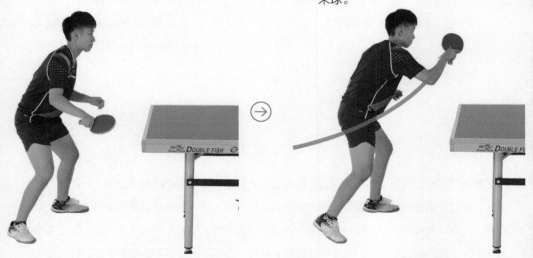

**03** 在来球进入高点期时，右脚蹬地，身体向左转动，重心随之左移，右手上臂发力，带动前臂加速向左前上方挥动，在身体右前方击球。击球时，拍面前倾，前臂瞬间向内折叠，充分摩擦球的中上部。击球后，重心继续左移，并继续向左前上方挥拍至头部左侧，然后左脚蹬地，让重心回到两脚中间，迅速还原成起始姿势。

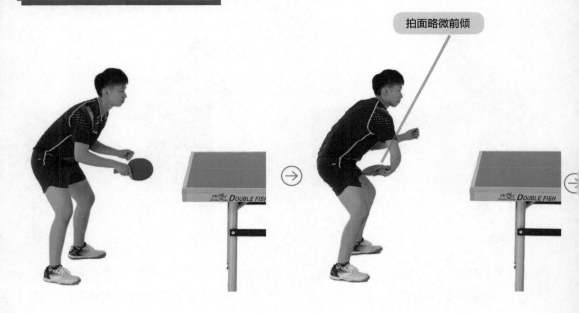

拍面略微前倾

**01** 判断来球，移动到中台。到位后双脚前后开立，略比肩宽，左脚在前，膝盖微屈，身体前倾。

**02** 核心收紧，向左转身，重心随之左移。右肩下沉，右臂向内折叠，使肘关节向前方顶出，向左后下方引拍至大腿前内侧，手腕内旋，使拍面稍向前倾。

**小知识** 🏓

前冲弧圈球具有出手快、球速快、弧线高度低、上旋强、着台后前冲力大的特点，是将力度、球速、旋转结合在一起的强有力的进攻技术。在比赛中，前冲弧圈球常用于回击出台的发球、搓球、削球以及推挡，在进行对拉弧圈球时也经常被使用，是很有效的得分手段。与拉加转弧圈球不同，前冲弧圈球在引拍时要使球拍低于来球，但不要太过靠下；正手要多向右后方、少向下方引拍；反手前冲弧圈球引拍至大腿前内侧，但引拍位置要略微高于拉加转弧圈球。

热身与恢复

姿势与步法

球性练习

发球技术

横拍击球技术

直拍击球技术

削球技术

常用制胜策略

体能训练

多向前发力，少向上发力

**03** 在来球进入高点期时，双脚用力蹬地，身体向右转回，重心随之右移，以肘关节为支点，加速向右前上方挥拍，在身体前方击球。击球时，拍面前倾，摩擦球的中上部；且右手前臂以向前发力为主、向上发力为辅。击球后，继续向右前上方挥拍至肩部右侧，重心继续右移，然后右脚蹬地，让重心回到两脚中间，迅速还原。

---

**常见问题和纠正方法**

 拉球力量小，攻击力较弱。

 充分利用蹬腿与转腰的力量，动作熟练后也可适当加大引拍距离、稍提前挥拍。击球时，拍面稍向前倾，摩擦球的中上部，并尽量加长摩擦球的时间。

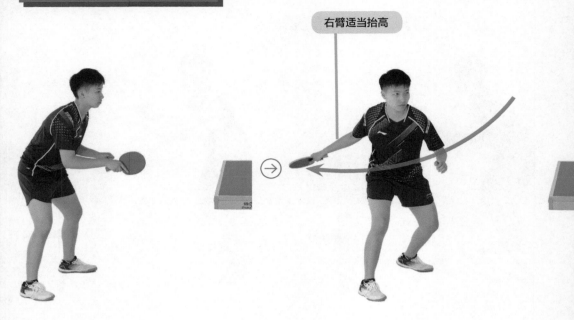

右臂适当抬高

**01** 判断来球，移动到中远台。到位后双脚前后开立，左脚在前，膝盖微屈，身体稍向前倾。

**02** 腰部向右转动，重心随之右移，抬起右臂，肘关节自然弯曲，向身体的右后方引拍，手腕内旋，使拍面前倾。

**小知识**

反拉弧圈球具有旋转强、速度快、攻击力强等特点，在比赛中经常用于回击弧圈球，尤其可以有效应对加转弧圈球。可见，反拉弧圈球是防守反击的重要手段，能够帮助球员顺利完成攻防转换，但其技术难度较高，又是弧圈进攻型打法所必须掌握的重要技术之一，所以在平时一定要多加练习。新手可以按照徒手挥拍练习、二人单球定落点练习、二人单球不定落点练习的顺序，循序渐进地进行练习，以打下坚实的基础，力求保证回球质量。

扫一扫，看视频

热身与恢复

姿势与步法

球性练习

发球技术

横拍击球技术

直拍击球技术

削球技术

常用制胜策略

体能训练

前臂和手腕保持相对固定

**03** 在来球的上升后期，身体向左转回，重心随之左移，右手上臂带动前臂向左前上方发力，在身体右侧击球。击球时，前臂与手腕保持相对固定，拍面前倾，要有球拍包住球的感觉，并摩擦球的中上部。击球后，重心继续左移，依靠重心的转移带动身体继续左转，并保持前臂和手腕的相对固定，随势挥拍至左额前方，然后迅速还原。

---

**常见问题和纠正方法**

NO
问题

**回球质量低，速度慢，旋转较弱。**

YES
纠正

**在引拍和击球时，是依靠转腰来带动手臂挥动的，而不是拉手臂或甩手臂。**
**在身体前方击球，并且要借助来球的力量，从后向前向前上方发力。**

扫一扫,看视频

**01** 判断来球,移动到中远台。到位后双脚前后开立,略比肩宽,左脚在前,膝盖微屈。

**02** 身体向左转动,重心随之左移,右肩探出,右臂从身前向左后下方引拍至左腹部前方,并使球拍高于台面,手腕内旋,使拍面前倾。

**03** 在来球上升后期,左脚蹬地,向右回身,重心右移,并使身体向上顶起,同时以肘关节为支点,向右前上方挥拍,在胸前击球。挥拍时,手腕与前臂保持相对固定,迅速向外展开。击球时,拍面前倾,充分摩擦球的中上部。击球后,重心继续右移,依靠重心的转移带动身体继续右转,并保持前臂和手腕的相对固定,随势挥拍至右侧胸部的前方,然后迅速还原。

热身与恢复

姿势与步法

球性练习

发球技术

横拍击球技术

直拍击球技术

削球技术

常用制胜策略

体能训练

**01** 判断来球，移动到中远台。到位后双脚前后开立，略比肩宽，左脚在前，膝盖微屈。

**02** 左脚蹬地，身体向右转动，重心随之右移。右臂自然伸直，上臂带动前臂后引，且引拍以向右后方为主，略微向下引拍使球拍低于来球。

击球点

**03** 在来球的最高点或下降前期，右脚用力蹬地，身体向左转回，重心随之左移，右手上臂带动前臂向左前上方挥拍，在身体的右前方击球。击球时，拍面前倾，且前臂和手腕主要发力，并以摩擦球为主、击打为辅。击球后，身体重心继续左移，随势挥拍至额头的左上方，随挥距离要较长，然后左脚蹬地，迅速还原。

拍面适当前倾

**01** 判断来球,移动到近台。到位后双脚前后开立,左脚在前,膝盖微屈,身体前倾。

**02** 通过并步或跳步移动到球台左角外侧,同时向右转身,充分侧身。在移动的过程中,右臂自然下垂,向右后下方引拍,手腕内旋,使拍面前倾。

**NO 错误动作**

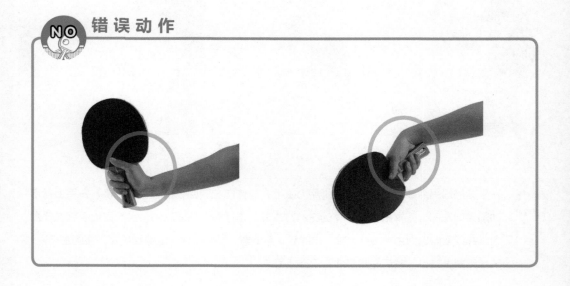

扫一扫，看视频

热身与恢复

姿势与步法

球性练习

发球技术

横拍击球技术

直拍击球技术

削球技术

常用制胜策略

体能训练

**03** 在来球下落前期，右脚蹬地，向左转身，重心随之左移，加速向左前上方挥拍，在身体的右前方击球。击球时，拍面前倾，前臂瞬间内收，手腕相对固定，用球拍的下半部分摩擦球的中上部。击球后，重心继续左移，并继续向左前上方挥拍至额头的左前方，然后左脚蹬地后撤，迅速还原成起始姿势，准备下一板击球。

**小知识** 🏓

正手侧拉弧圈球技术一般在来球处于反手位且确保能够及时移动到侧身位置时使用，以提升回球的威力，争取主动权，创造得分机会。在回球的过程中，要注意在正确的时机完成侧身，移动时要选择合适的步法，果断、灵活且迅速地移动到侧身位，并在移动的过程中根据来球调整引拍方向、出手角度和挥拍方向，既要充分侧身又要避免盲目侧身，降低失误率，有效提高回球质量，使回球具有更强的攻击性。

# 5.6

## 拉球

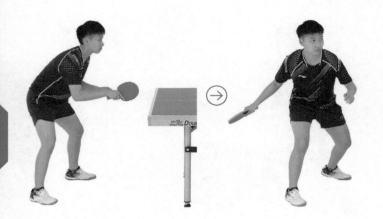

**01** 判断来球，移动到近台。到位后双脚前后开立，左脚在前，膝盖微屈，身体前倾。之后，向右转身，重心随之右移，带动右臂向右后下方引拍至身体的斜后方，且肘关节自然弯曲。同时手腕内旋，使拍面前倾。

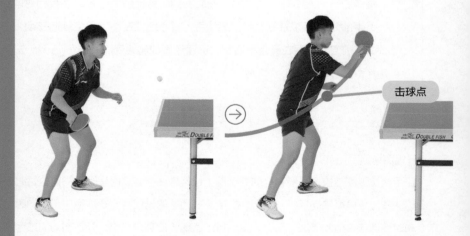

击球点

**02** 在来球的下落前期，身体向左转回，重心随之左移，带动右臂加速向左前上方摆动，利用全身的力量在身体的斜前方击球。击球时，拍面前倾，充分摩擦球的中上部，此时手腕适当放松，前臂瞬间内收，手指突然发力紧握球拍，以加大击球力度，加强上旋。击球后随势挥拍，然后迅速还原。

热身与恢复

姿势与步法

球性练习

发球技术

横拍击球技术

直拍击球技术

削球技术

常用制胜策略

体能训练

## 横拍反手拉上旋球 》

扫一扫，看视频

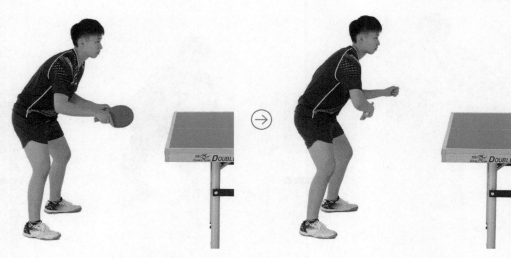

**01** 判断来球，移动到近台。到位后双脚平行开立，略比肩宽，膝盖微屈，略微降低身体重心。

**02** 身体向左转动，重心随之左移，右肩下沉，右臂向内折叠，从身前向左下方引拍至腹部前方；手腕外旋，使拍面前倾。

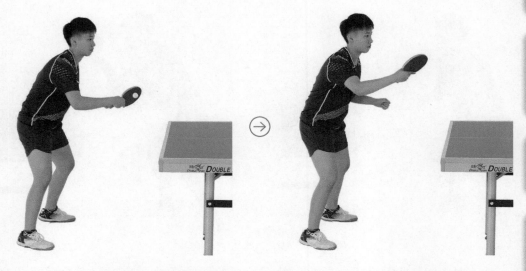

**03** 在来球进入高点期时，双脚用力蹬地，让身体向前上方顶，同时向右转身，以肘关节为支点，右手前臂加速向右前上方摆动。挥拍的过程中，手腕外旋，使拍面前倾程度增大，并在身前击球。击球时，下压球拍，以充分摩擦球的中上部，并多向前摩擦。击球后，随势挥拍，然后迅速还原。

**01** 判断来球，移动到近台。到位后双脚前后开立，略比肩宽，左脚在前，膝盖微屈，身体前倾。

**02** 腰与髋部向右转动，重心移至右脚，并降低重心。右臂自然下垂，并让上臂靠近身体，向后下方引拍至右膝后方。

击球点

**03** 保持降低重心的状态，身体向左转回，重心随之左移，带动右臂向左前上方加速摆动，在来球上升后期，在身体右前方击球。挥拍时，前臂放松，以上臂发力为主。击球瞬间，前臂与地面是接近平行的，且使拍面略微前倾，充分摩擦来球。击球后，随势挥拍至头部左侧，身体重心继续左移，然后迅速还原。

扫一扫，看视频

热身与恢复

姿势与步法

球性练习

发球技术

横拍击球技术

直拍击球技术

削球技术

常用制胜策略

体能训练

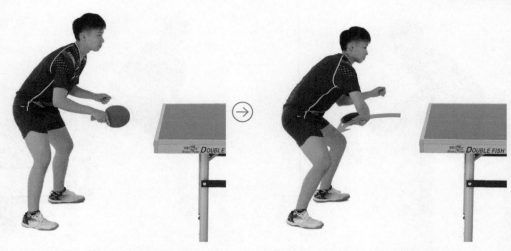

**01** 判断来球，移动到近台。到位后双脚前后开立，略比肩宽，左脚在前，膝盖微屈，身体前倾。

**02** 腰部与肩膀向左转动，重心随之左移，右臂从身前向左下方引拍至大腿前方，手腕内勾，使球拍拍头指向斜后方，并使球拍低于球台。

**03** 在来球进入高点期时，左脚蹬地，身体向右转回并适当前迎，重心右移至双脚中间，充分利用转腰的力量，以肘关节为支点，右手前臂向右前上方加速摆动。挥拍时，手腕外展并逐渐内旋，使拍面接近垂直立起，在身体的前方击球。击球时，充分摩擦球的中部或中下部，且在垂直方向上多摩擦球。击球后，随势向斜上方挥拍，然后迅速还原。

**01** 判断来球，通过并步或跳步移动到球台左角外侧，同时向右转身，侧身朝向球台。到位后，左脚靠前，双腿屈膝，降低身体重心。同时，腰与髋部向右转动，重心向右移动，右臂自然下垂，使上臂靠近身体，向后下方引拍。

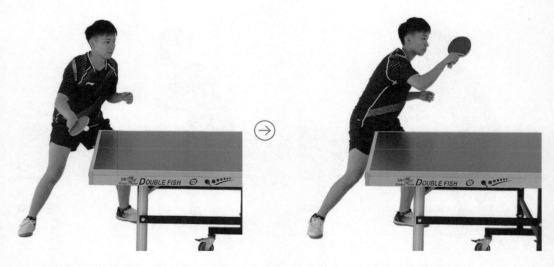

**02** 在来球下落前期，向左转身，重心随之左移。右手上臂发力，带动前臂向左前上方摆动，在身体右前方击球。击球时，拍面略微前倾，充分摩擦来球。击球后，顺势挥拍至头部左侧，重心继续左移，然后左脚蹬地后撤，迅速还原成近台站位和起始姿势，准备下一板击球。

热身与恢复

姿势与步法

球性练习

发球技术

横拍击球技术

直拍击球技术

削球技术

常用制胜策略

体能训练

**横拍正手冲球 》**

**01** 判断来球，移动到近台。到位后双脚前后开立，略比肩宽，左脚在前，膝盖微屈。

**02** 向右转身，右肩略微下沉，重心右移，右臂自然弯曲，向右后方引拍至大腿的斜后方，手腕内旋，使拍面前倾。

**03** 在来球进入高点期时，右脚蹬地，向斜前方跳起，同时身体向左转回，充分利用转腰与转髋的力量，右臂向左前上方加速摆动，在身体的右前方击球。击球时，拍面前倾，击球的中上部。击球后，随势向左前方挥动，左脚先着地，并把重心移至左脚，然后迅速还原。

扫一扫，看视频

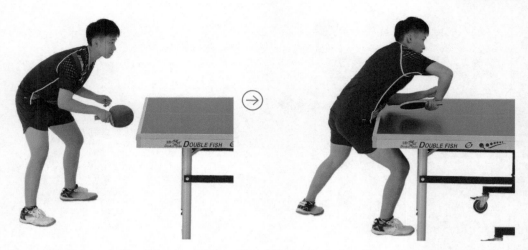

**01** 判断来球，移动到近台位置。左脚蹬地，右脚向前迈步伸至台下，身体靠近球台，重心随之移至右脚。身体前倾，含胸收腹，略微向左转身，右肩与右手上臂抬高，肘关节向内弯曲并向前顶出，使前臂下垂，向后引拍至右腹前方，同时手腕内勾并内旋，使拍头指向自己。

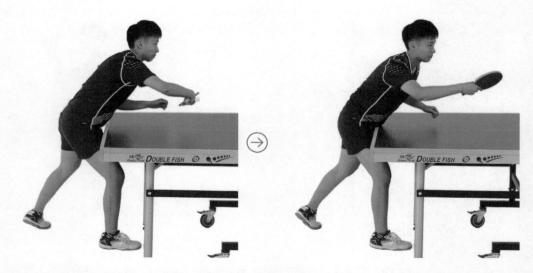

**02** 在来球上升后期，以肘关节为支点，右手前臂发力向外摆动，带动手腕外展，使拍头在身前按顺时针画一半弧，并在腹部前方击球。击球时，拍面前倾，摩擦球的中上部。如果来球是下旋球，则多向上摩擦球；如果是侧旋球，则多向前摩擦球。击球后，随势向斜上方挥拍，然后右脚蹬地后撤，迅速还原。

## 横拍反面弹击球 》》

热身与恢复

姿势与步法

球性练习

发球技术

横拍击球技术

直拍击球技术

削球技术

常用制胜策略

体能训练

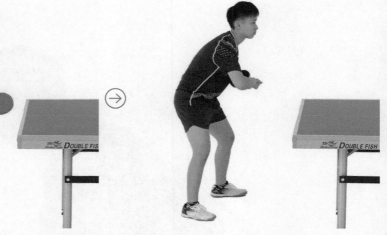

**01** 判断来球，移动到中近台。到位后双脚前后开立，略比肩宽，左脚在前，膝盖微屈，身体前倾。

**02** 略微向左转身，重心随之左移，右臂向内折叠，肘关节前顶，向左后上方引拍至胸前，手腕内勾，使拍面前倾，拍头指向斜后方。

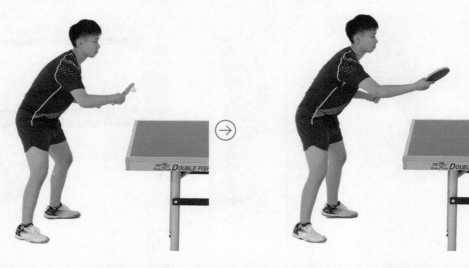

**03** 在来球进入高点期时，以肘关节为轴，右手前臂前伸并向外摆动，带动手腕外展，向右前上方迎球挥拍，在胸前击球。击球时，拍面前倾，用球拍的下半部分击球的中上部，此时手腕瞬间发力，以撞击球为主。击球后，继续向右前上方挥拍，然后迅速还原。

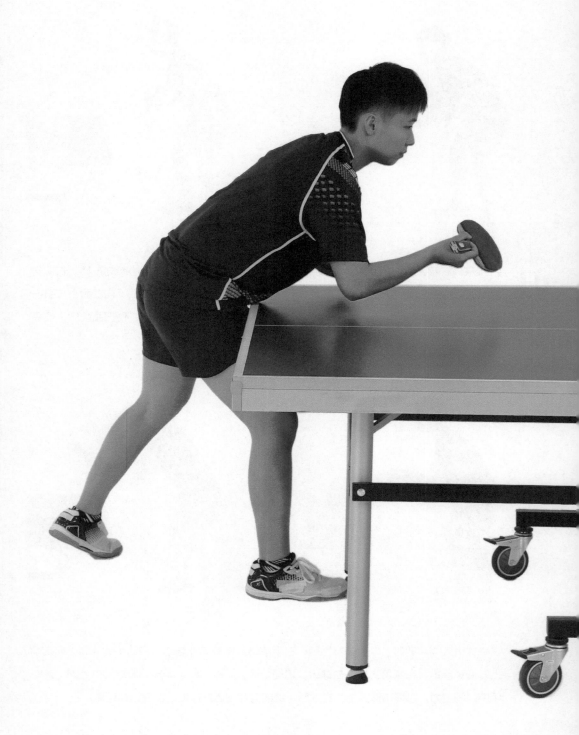

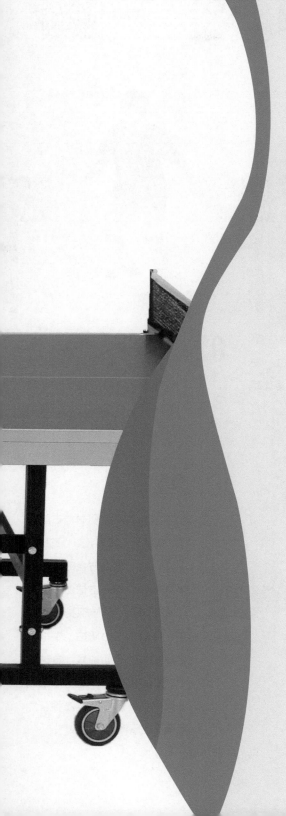

# 第 6 章

# 直拍击球
# 技术

在比赛双方水平相当时，更高的击球质量与更低的击球失误率便是制胜的关键。本章会介绍一些常用的直拍击球技术，倾向于使用直拍的运动员，应该重点掌握本章的技术动作和要点，切忌与横拍的动作混淆。

扫一扫，看视频

# 6.1

## 攻球

**01** 判断来球，移动到近台位置。到位后，双脚前后开立，左脚在前，膝盖微屈，身体略微前倾。

**02** 腰部向右转动，重心随之右移，右肩略微下沉，右臂自然弯曲，向后下方引拍，且球拍不能低于球台，前臂稍向内旋，使拍面前倾。

## 03

击球点

在来球进入高点期时，右脚蹬地，腰部向左转回，重心左移，带动右臂向前上方摆动，在身体右前方击球。击球时，以前臂发力为主，手腕保持相对固定，拇指稍用力压拍，中指顶住球拍，使拍面前倾，击球的中上部。击球后，随势挥拍至左眼前方，重心继续左移，然后迅速还原。

热身与恢复

姿势与步法

球性练习

发球技术

横拍击球技术

直拍击球技术

削球技术

常用制胜策略

体能训练

## 直拍侧身攻球 >>

扫一扫，看视频

**01** 判断来球，当来球落点在左半台时，通过并步或跳步向球台左角外侧移动，同时向右转身，侧身朝向球台。在移动的过程中，右臂自然弯曲，手腕放松，向身体的斜后方引拍，并观察来球。如果来球是下旋球，则拍面垂直于地面，并引拍至低于球台的位置；如果来球是上旋球，则拍面前倾，并引拍至大概与球台同高的位置。

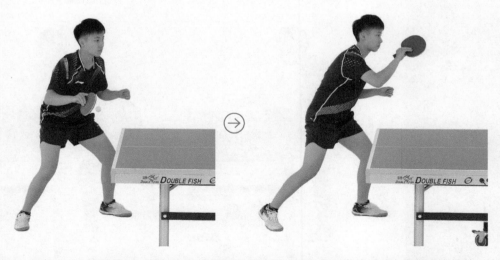

**02** 在来球进入高点期时，腰部向左转回，重心随之移至左脚，带动手臂向左前上方摆动。击球时，充分利用腰部转动的力量，击球的中上部。如果想打斜线球，那击球时间可以稍晚一些，即在体侧击球；如果想打直线球，则击球时间可以早一些，即在身体的斜前方击球。击球后，随势挥拍，然后迅速还原。

**直拍正手搓球 》**

扫一扫，看视频

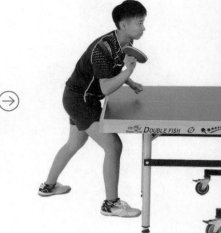

**01** 判断来球，移动到近台位置。到位后，双脚平行开立，与肩同宽，膝盖微屈，身体前倾。

**02** 右脚向前上步，伸至台下，略微向右转身，重心随之右移。同时右臂向后屈肘，稍向后上方引拍，手腕外旋，使拍面略微后仰。

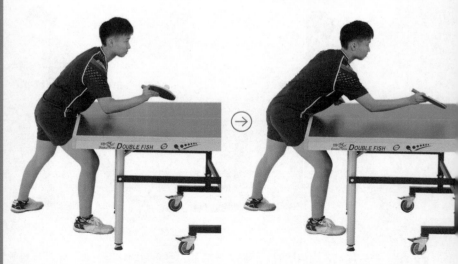

**03** 在球的上升后期，身体向左转回，手臂迎球前伸，向前下方挥拍，在身体的右前方击球，用球拍的下半部分摩擦球的中下部。击球时，以拇指发力为主，前臂与手腕适当发力。击球后，小幅度随势挥拍，之后迅速还原。

**01** 判断来球，移动到近台位置。到位后，双脚平行开立，与肩同宽，膝盖微屈，身体前倾。

**02** 右脚向前上步，伸至台下，并将重心落在右腿上。在移动的过程中手臂向内折叠，稍向左后方引拍至胸前，手腕外旋，使拍面后仰，且球拍正面朝前。

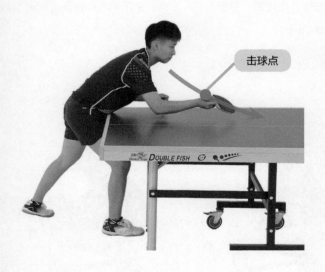

击球点

**03**

在球的上升前期，身体迎球前倾，以肘关节为支点，右手前臂向前下方摆动，且挥拍时以手腕发力为主，在胸前击球。击球时，瞬间握紧球拍，控制球拍向前下方削球，拍面后仰，击球的中下部。击球后，小幅度随势挥拍，之后迅速还原。

热身与恢复

姿势与步法

球性练习

发球技术

横拍击球技术

直拍击球技术

削球技术

常用制胜策略

体能训练

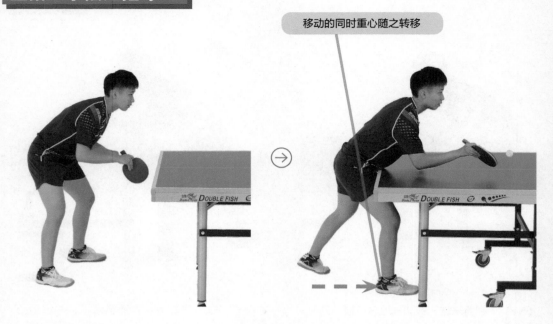

移动的同时重心随之转移

**01** 判断来球，移动到近台位置。到位后，双脚平行开立，与肩同宽，膝盖微屈，身体前倾。右脚向前上步，使身体靠近球台，并将重心移至右脚。移动的过程中，右肩前倾，右臂前伸，使右臂充分伸入台内，同时屈肘，小幅度向右后上方引拍至右胸前方。在来球上升前期，向前下方挥拍，在右胸前方击球。击球时，拍面后仰，击球的中下部，前臂和手腕适当发力，主要借助来球的冲力将球击回。

其他角度

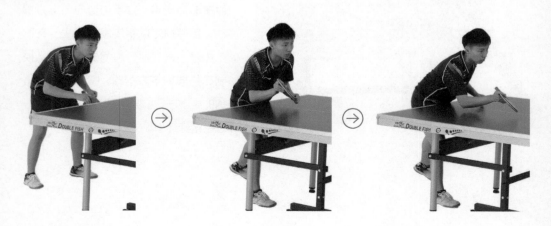

扫一扫，看视频

热身与恢复

姿势与步法

球性练习

发球技术

横拍击球技术

直拍击球技术

削球技术

常用制胜策略

体能训练

击球后的挥拍幅度要小

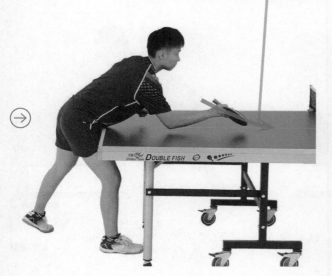

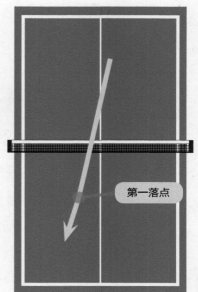

第一落点

**02** 击球后，继续向前下方挥拍，但随势挥拍
的距离要尽可能短。然后右脚蹬地后撤，
身体重心随之后移，迅速还原成起始姿势，
准备下一板击球。

**错误动作**

球拍与身体之间的横向距离过大

挥拍时手臂完全伸直

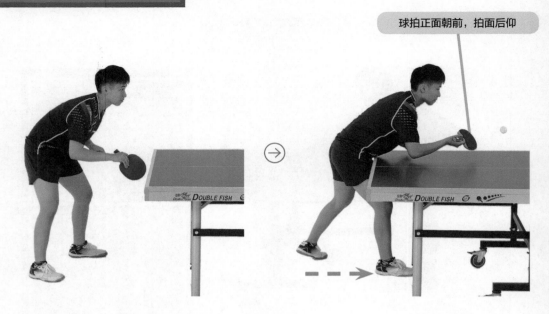

球拍正面朝前，拍面后仰

**01** 判断来球，移动到近台位置。到位后，双脚平行开立，与肩同宽，膝盖微屈，身体前倾。右脚向前上步，使身体接近球台，并略微向左转身，将重心移至右脚。移动的过程中，右肩前倾，右臂前伸并向内折叠，向左后上方小幅度引拍至胸前，同时手腕外旋，使球拍正面朝前，且拍面后仰。在来球上升前期，右手前臂和手腕适当发力，向前下方挥拍，在右胸前方击球的中下部，利用来球的冲力将球击回。

---

**常见问题和纠正方法**

**NO 问题** 回球的旋转不强，容易冒高球。

**YES 纠正** 在挥拍时，手腕保持放松，且引拍距离无须过长；在上升前期击球，此时手腕瞬间发力，用力向下充分摩擦乒乓球，触球后的随挥距离也要较短。

扫一扫，看视频

热身与恢复

姿势与步法

球性练习

发球技术

横拍击球技术

直拍击球技术

削球技术

常用制胜策略

体能训练

击球后的挥拍幅度要小

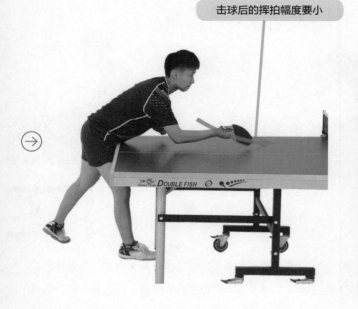

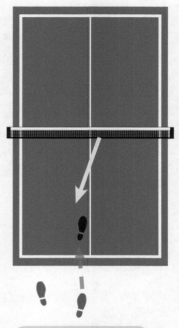

身体重心随之前移

**02** 击球后，继续向前下方挥拍，但随势挥拍的距离要尽可能短。然后右脚蹬地后撤，身体重心随之后移，迅速还原成起始姿势，准备下一板击球。

其他角度

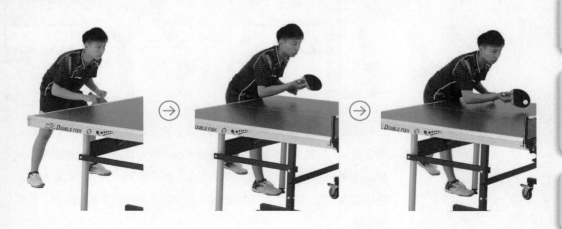

挑短球

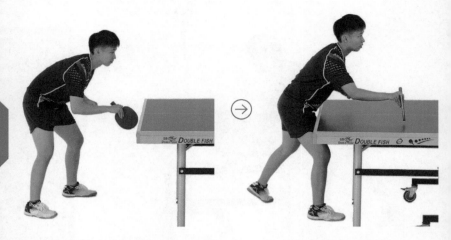

**01** 判断来球，右脚通过单步或者跨步向前上步，伸至台下，靠近球台，重心随之移至右脚。身体前倾，并略微向右转身，使右肩在前，右臂迎球前伸并屈肘，从身前小幅度向右后方引拍，手腕外撤，使拍头略指向右后方，同时根据来球的旋转性质调整拍形。

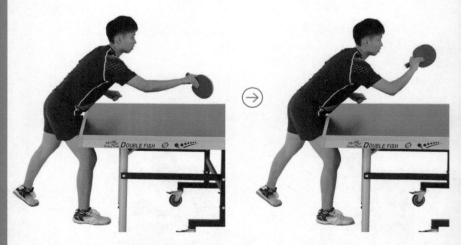

**02** 在来球进入高点期时，以肘关节为支点，向左前上方挥拍，在右胸前方击球。击球时，手腕保持相对固定，瞬间向前上方发力。如果来球是上旋球，则拍面前倾，击球的中上部；如果是下旋球，则拍面后仰，击球的中下部。击球后，随势向前上方挥拍，然后右脚蹬地后撤，迅速还原。

热身与恢复

姿势与步法

球性练习

发球技术

横拍击球技术

直拍击球技术

削球技术

常用制胜策略

体能训练

## 直拍横打挑短球 >>

扫一扫，看视频

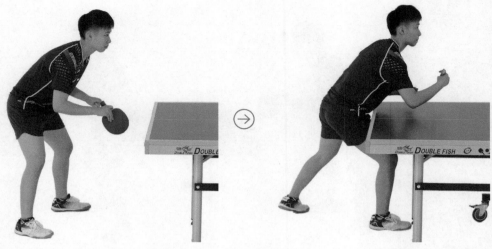

**01** 判断来球，左脚蹬地，右脚向前迈步伸至台下，靠近球台，重心随之移至右脚。身体迎球前倾，右臂前伸并向内折叠，略微向后引拍至胸前，手腕下压，使拍头指向左下方，同时根据来球的旋转性质调整拍形。

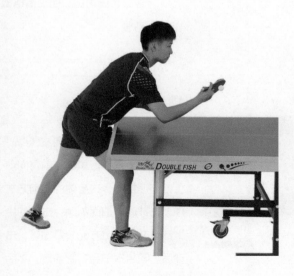

**02**

在来球上升前期，右臂迎球前伸，同时手腕外撇，向右前上方挥拍，使拍头顺时针画一半弧，并在胸前击球。击球时，手腕瞬间发力，使得力量相对集中，完成挑球动作。击球后，向右上方小幅度随势挥拍，然后右脚蹬地后撤，使重心回到两脚中间，迅速还原成起始姿势。

小知识 🏓

相比于普通的直拍握法，使用直拍横打时，拇指要往里握得深一些，并适当用力压拍，而食指则要略微上移至球拍边缘处，稍微放松。注意，手指不得太过紧绷，否则不便于调整拍形。

# 6.4

## 快带

**直拍正手快带 »**

扫一扫，看视频

**01** 判断来球，移动到近台位置。到位后，双脚前后开立，略比肩宽，左脚在前，膝盖微屈，身体前倾。

**02** 向右转身，重心随之右移，右臂自然弯曲，小幅度向右后方引拍，使球拍稍低于来球，手腕内旋，使拍面略微前倾。

击球点

**03**

在来球上升后期，迅速向左转身，同时右手上臂靠近体侧，前臂向前上方加速摆动，在身体的右前方击球。击球时，拍面前倾，击球的中上部，并向前上方充分摩擦球。击球后，随势挥拍至右眼前方，然后迅速还原。

扫一扫，看视频

热身与恢复

姿势与步法

球性练习

发球技术

横拍击球技术

直拍击球技术

削球技术

常用制胜策略

体能训练

**01** 判断来球，移动到近台位置。到位后，双脚开立，略比肩宽，膝盖微屈，身体前倾。

**02** 身体小幅度向左转动，右肩稍向前顶，右臂向内折叠，从身前向左后方引拍至腹前，前臂外旋，手腕略微内勾，使拍面前倾，使拍头指向后下方。

击球点

**03**

在来球的上升期，以肘关节为支点，右手前臂向右上方挥动，带动手腕外展，在胸前击球，且击球点要靠前一些（一般在球台台面之上）。击球时，拍面前倾，击球的中上部，并向上摩擦球。击球后，随势向右上方挥拍，然后迅速还原。

**6.5**

弧圈球

**01** 判断来球，移动到中台位置。到位后，双脚前后开立，略比肩宽，左脚在前，膝盖微屈，身体前倾。

**02** 向右转身，右肩下沉，降低重心的同时重心右移，右臂自然伸直，向右下方引拍至大腿后侧，手腕放松，使拍头指向左侧，拍面前倾。

击球点

**03** 在来球下落前期，右脚用力蹬地，向左转身，重心随之左移，并充分利用蹬地与转腰的力量，向左前上方挥拍，在身体的右前方击球。击球时，拍面略微前倾，前臂以向上发力为主、向前发力为辅，充分摩擦球的中部或中上部。击球后，继续向左前上方挥拍至左额的前上方，重心继续左移，然后左脚蹬地，迅速还原。

扫一扫，看视频

热身与恢复

姿势与步法

球性练习

发球技术

横拍击球技术

直拍击球技术

削球技术

常用制胜策略

体能训练

**01** 判断来球，移动到中台位置。到位后，双脚开立，略比肩宽，膝盖微屈，身体前倾。

**02** 向左转身，右肩前顶，重心左移并继续下压，右臂下垂，肘关节前顶，从身前向左后下方引拍至大腿前侧，手腕内勾，使拍头指向斜后方。

**03** 在来球的下落前期，核心收紧，两脚蹬地，向右转身，重心向右上方移动。以肘关节为支点，右手前臂向右前上方挥动，手腕外展，在胸前击球。击球时，拍面前倾，以向上发力为主、向前发力为辅，用球拍的上半部分摩擦球的中部或中上部。击球后，继续向右前上方挥拍至头部右前方，然后右脚蹬地，迅速还原，准备回击下一板来球。

**01** 判断来球，移动到近台。到位后双脚前后开立，略比肩宽，左脚在前，膝盖微屈，身体前倾。

**02** 左脚蹬地，向右转身，重心右移，右肩下沉，右臂向下自然伸直，前臂带动上臂向身体的右后方引拍，手腕放松，使拍面前倾，拍头指向斜后方。

**03** 在来球进入高点期时，右脚蹬地，身体向左转动，重心随之左移，右手上臂发力，带动前臂加速向左前上方挥动，在身体右前方击球。击球时，拍面前倾，前臂瞬间向内折叠，充分摩擦球的中上部。击球后，重心继续左移，并继续向左前上方挥拍至头部左侧，然后左脚蹬地，让重心回到两脚中间，迅速还原成起始姿势。

## 直拍反手前冲弧圈球 >>

扫一扫，看视频

**01** 判断来球，移动到近台。到位后双脚开立，略比肩宽，膝盖微屈，身体前倾。

**02** 核心收紧，向左转腰，重心左移，右肩下沉并前倾，右臂内折，肘关节向前顶，从身前向左下方引拍至左腹前方，手腕内勾并内旋，使球拍正面朝上，拍面前倾。

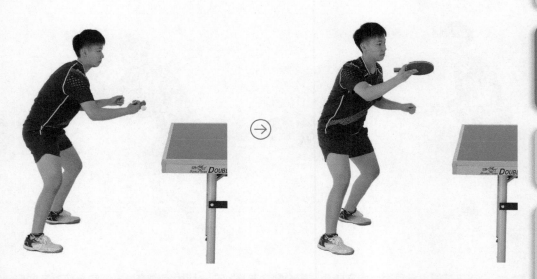

**03** 在来球进入高点期时，双脚蹬地，腰部向右转回，重心随之右移。以肘关节为支点，右手前臂加速向右前上方挥动，手腕外展，在身体前方击球。击球时，拍面前倾程度较大，以向前发力为主，略微向上发力，摩擦球的中上部。击球后，继续向右前上方挥拍至头部右侧，重心移至右脚，然后右脚蹬地，迅速还原。

热身与恢复

姿势与步法

球性练习

发球技术

横拍击球技术

直拍击球技术

削球技术

常用制胜策略

体能训练

**01** 判断来球，移动到中远台。到位后双脚前后开立，左脚在前，膝盖微屈，身体稍向前倾。

**02** 身体向右转动，重心随之右移。右臂适当抬高，肘关节自然弯曲，利用腰部的转动带动手臂向右后方引拍，手腕放松，使拍头指向斜后方。

**03** 在来球的上升后期，向左转身，重心随之左移，充分利用转腰的力量，向左前上方挥拍，在身体右侧击球。击球时，紧握球拍，保持拍面前倾、拍形固定，击球的中上部，并向左前上方发力充分摩擦球。击球后，重心继续左移，通过重心的转移带动身体继续左转，并保持前臂和手腕的相对固定，随势挥拍至左肩前方，然后迅速还原。

## 直拍反手反拉弧圈球 ≫

扫一扫，看视频

热身与恢复

姿势与步法

球性练习

发球技术

横拍击球技术

直拍击球技术

削球技术

常用制胜策略

体能训练

**01** 判断来球，移动到中远台。到位后双脚前后开立，略比肩宽，左脚在前，膝盖微屈。

**02** 身体向左转动，重心随之左移，右肩前倾，右臂向左后下方引拍至左腹前方，并使球拍高于台面。手腕内勾，使拍面前倾，球拍拍头指向斜后方。

**03** 在来球上升后期，左脚蹬地，向右回身，重心向右上方移动。同时以肘关节为支点，右手前臂向右前上方挥动，手腕外展，在胸前击球。击球时，拍面前倾，从后向前发力，充分摩擦球的中上部。击球后，重心继续右移，依靠重心的转移带动身体继续右转，并随势挥拍至右胸前方，然后迅速还原。

**01** 判断来球，移动到中远台。到位后双脚前后开立，略比肩宽，左脚在前，膝盖微屈。

**02** 左脚蹬地，身体向右转动，重心随之右移，右臂适当抬高并自然伸直，上臂带动前臂向身体的右后方引拍，并使球拍低于来球。手腕放松，使球拍拍头指向斜后方。

**03** 在来球的最高点或下落前期，右脚用力蹬地，身体向左转动，重心随之左移，右手上臂带动前臂向左前上方挥拍，在身体的右前方击球。击球时，拍面前倾，摩擦球的中上部，且以摩擦为主，击打为辅；以前臂和手腕发力为主，并多向前发力。击球后，身体重心继续左移，随势挥拍至肩部的左上方，且随挥距离要较长，然后左脚蹬地，迅速还原。

热身与恢复

姿势与步法

球性练习

发球技术

横拍击球技术

直拍击球技术

削球技术

常用制胜策略

体能训练

## 直拍正手侧拉弧圈球 》

扫一扫，看视频

**01** 双脚平行开立，略比肩宽，膝盖微屈，判断来球，通过并步或跳步移动到球台左角外侧，同时向右转身，充分侧身。到位后右脚在前，并把重心放在右脚。在移动的过程中，右臂自然下垂，向右后下方引拍至大腿的斜后方，手腕放松，使拍头指向斜后方，拍面前倾。

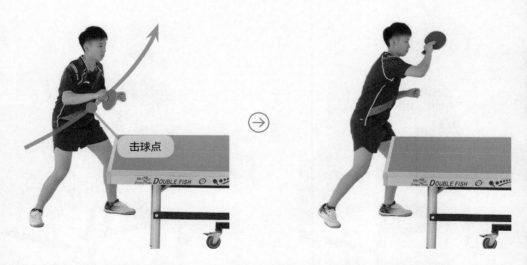

击球点

**02** 在来球下落前期，右脚蹬地，向左转身，重心随之左移，加速向左前上方挥拍，在身体的右前方击球。击球时，拍面前倾，前臂瞬间内收，手腕相对固定，充分摩擦球的中上部。击球后，重心继续左移，并继续向左前上方挥拍至额头的左前方，然后左腿蹬地，迅速后撤，还原成起始姿势，准备下一板击球。

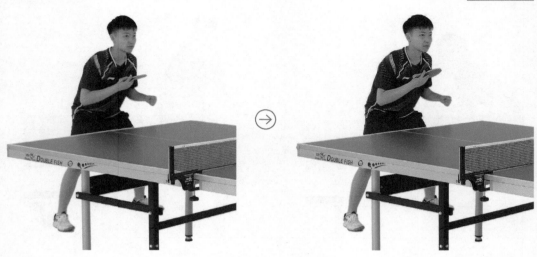

**01** 判断来球，移动到近台位置。到位后，双脚平行开立，略比肩宽，膝盖微屈，含胸收腹。右肩略微下沉，右臂前伸并屈肘，向左后上方引拍至左胸前，手腕放松，使球拍反面朝前，拍面前倾，拍头指向左侧。

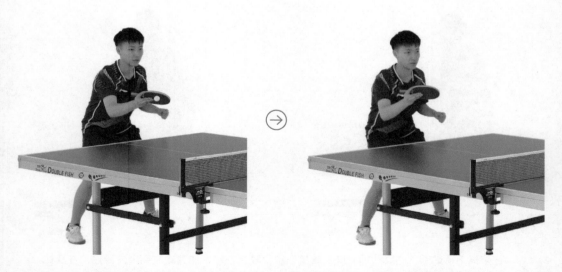

**02** 在来球进入高点期时，以肘关节为支点，右手前臂外展，带动手腕迎球向前并外展，在胸前击球。击球时，手腕瞬间向前下方发力，拍面前倾，用球拍的下半部分击球的中上部，并以弹击球为主。击球后，随势向右前上方挥拍，然后迅速还原。

热身与恢复

姿势与步法

球性练习

发球技术

横拍击球技术

直拍击球技术

削球技术

常用制胜策略

体能训练

## 直拍横打防弧圈球 ≫

扫一扫，看视频

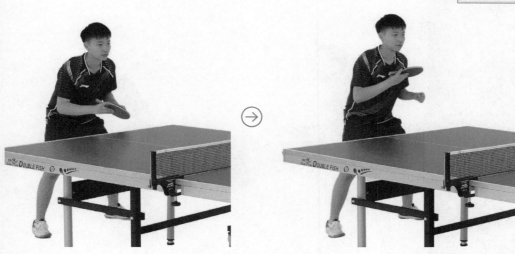

**01** 判断来球，移动到近台位置。到位后双脚平行开立，略比肩宽，膝盖微屈，含胸收腹。继续屈膝，降低重心。右臂向内折叠，在身前向左后上方引拍至左胸前，手腕外旋，使球拍反面朝前，拍面前倾，拍头指向左侧。

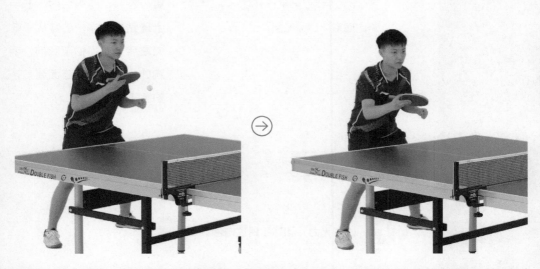

**02** 在来球进入高点期时，双脚蹬地，身体重心向上移动，右手前臂迎球前伸，向右前方加速挥拍，在胸前击球。击球时，拍面前倾，击球的中上部，手腕瞬间稍向外展，且发力要集中、短促。击球后，随势向右前上方挥拍，然后迅速还原。

# 6.6

## 拉球

**01** 判断来球，移动到近台位置。到位后，双脚平行开立，略比肩宽，膝盖微屈。

**02** 略向左转身，右肩向前探出，重心左移，向内屈肘，右手上臂贴近身体，前臂从身前向左后上方引拍至胸前，手腕外旋，使球拍正面朝前，拍头略指向斜后方。

### 常见问题和纠正方法

 **NO 问题** 击球无力，回球不具攻击性。

 **YES 纠正** 引拍时，向左转身，使右肩在前，同时将重心移至左脚。挥拍时，不能只是用手臂的力量，还要充分利用身体向右扭转的力量，以肘关节为支点，前臂向斜上方发力。

**03** 在来球的下落前期，向右转身，重心随之右移，右臂迎球前伸，以肘关节为支点，前臂外展，向右前上方挥拍，在胸前用球拍的正面击球。挥拍时，要充分利用转身的力量，且保持前臂动作的稳定与流畅。击球时，拍面接近垂直于地面，利用挥动球拍的离心力将球击出。击球后，继续向右上方挥拍，然后迅速还原。

**要点提示** 击球时，拍面要接近垂直于地面，并充分利用挥动球拍所产生的离心力，击球的中部，以打出高质量的反手长球。

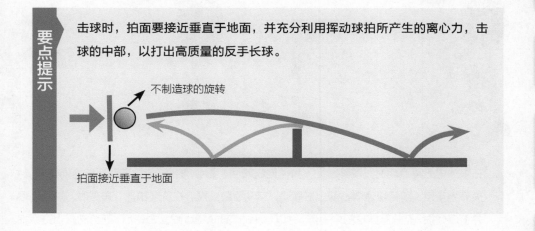

不制造球的旋转

拍面接近垂直于地面

热身与恢复

姿势与步法

球性练习

发球技术

横拍击球技术

直拍击球技术

削球技术

常用制胜策略

体能训练

**01** 判断来球，移动到中台。到位后双脚前后开立，略比肩宽，左脚在前膝盖微屈，身体前倾。

**02** 腰部向左转动，重心随之左移，右肩下沉，右臂向内折叠，向左下后方引拍至左腹前方，手腕内勾，使球拍拍头指向后下方，拍面略微前倾。

**03** 在来球进入高点期时，双脚蹬地，身体向右转回，重心向右移动，右臂迎球前伸，并以肘关节为支点，前臂快速向右前上方挥动，带动手腕外展，在胸前击球。击球时，拍面前倾，并下压球拍，充分摩擦球的中上部，并以水平方向的摩擦为主。击球后，随势向斜上方挥拍，然后迅速还原。

热身与恢复

姿势与步法

球性练习

发球技术

横拍击球技术

直拍击球技术

削球技术

常用制胜策略

体能训练

**01** 判断来球，移动到近台。到位后双脚平行开立，略比肩宽，膝盖微屈，身体前倾。

**02** 含胸收腹，向左转身，右肩前倾，重心向左下方移动，右臂屈肘，从身前向左后下方引拍至大腿前方，并使球拍的高度约与球台一致。手腕内勾并内旋，使拍头指向后方，球拍正面朝上。

**03** 在来球进入高点期时，左脚蹬地，向右转身，右肩向后打开，带动右臂向右前上方摆动，在胸前击球。挥拍时，以肘关节为支点，前臂向右前上方摆动，同时手腕外展，使球拍向外撇；击球时，拍面前倾，摩擦球的中上方，且在垂直方向上多摩擦球。击球后，随势向斜上方挥拍，然后迅速还原。

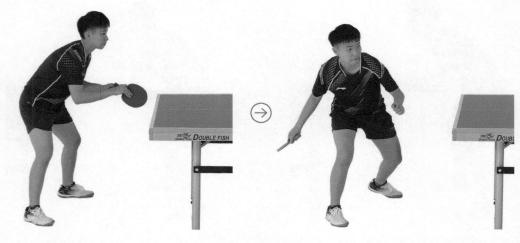

**01** 判断来球，移动到近台。到位后双脚前后开立，略比肩宽，左脚在前，膝盖微屈，身体前倾。

**02** 腰部与髋部向右转动，将重心向右下方移动。右肩下沉，右臂自然下垂，并让上臂靠近身体，向后下方引拍至右膝后方。手腕放松，使拍头指向斜后方。

**03** 保持重心降低的状态，身体向左转回，重心随之左移，带动右臂向左前上方加速摆动，在来球上升后期，在身体右前方击球。挥拍时，用转腰带动上臂摆动，并将力量传递到前臂。击球瞬间，拍面略微前倾，充分摩擦球的中上部。击球后，随势挥拍至头部左侧，身体重心由右腿移到左腿，然后迅速还原。

热身与恢复

姿势与步法

球性练习

发球技术

横拍击球技术

直拍击球技术

削球技术

常用制胜策略

体能训练

## 直拍正手侧身拉下旋球 >>

扫一扫，看视频

**01** 双脚平行开立，略比肩宽，膝盖微屈，判断来球，通过并步或跳步移动到球台左角外侧，并让右脚先着地，左脚落在右脚的左前方。在移动的过程中，向右转身，侧身朝向球台，右臂自然下垂，并使上臂靠近身体，向后下方引拍至右膝的斜后方，手腕放松，使拍头指向斜后方。到位后，双腿屈膝，降低身体重心，左脚蹬地，将重心移至右脚。

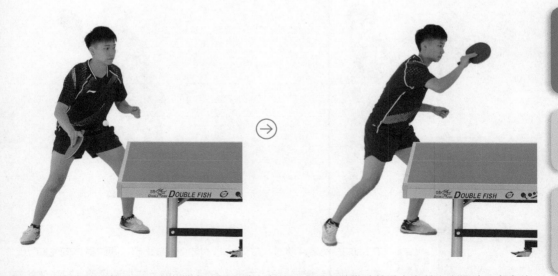

**02** 在来球下落前期，向左转身，重心随之左移，右手上臂带动前臂向左前上方摆动，在身体的右前方击球。击球时，拍面略微前倾，充分摩擦球的中上部。击球后，顺势挥拍至头部左侧，重心继续左移，然后左腿蹬地后撤，迅速还原成近台站位和起始姿势，准备下一板击球。

**6.7**

**其他**

**01** 判断来球，移动到近台。到位后双脚前后开立，略比肩宽，左脚在前，膝盖微屈。

**02** 右肩略微下沉，右臂自然弯曲，向右转腰，带动右臂向右后方引拍至大腿的斜后方，并将重心放在右腿上。手腕内旋，使拍面前倾。

**03** 在来球进入高点期时，右脚蹬地，向斜前方跳起，同时身体向左转回，充分利用转腰与转髋的力量，右臂向左前上方加速摆动，在身体的右前方击球。击球时，前臂迅速内收，拍面前倾，击球的中上部，并以撞击球为主。左脚先着地，并把重心移至左脚，随势向左前方挥拍，然后迅速还原。

热身与恢复

姿势与步法

球性练习

发球技术

横拍击球技术

直拍击球技术

削球技术

常用制胜策略

体能训练

## 直拍反手侧拧 »

扫一扫，看视频

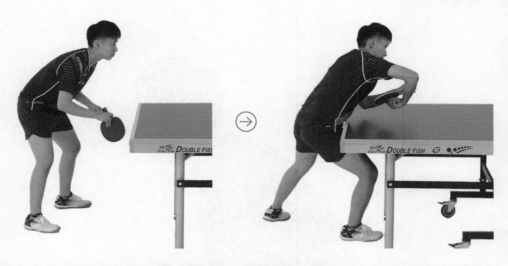

**01** 判断来球，移动到近台位置。左脚蹬地，右脚向前迈步伸至台下，身体靠近球台，重心随之移至右脚。身体前倾，含胸收腹，右肩稍向前顶出，右手上臂抬高并屈肘，使肘关节前顶，前臂下垂，向后引拍至右胸前方，同时手腕充分内勾，使拍头指向右侧，拍面前倾。

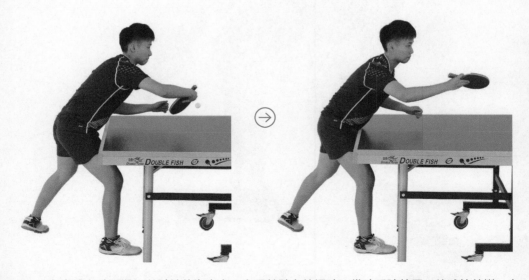

**02** 在来球上升后期，以肘关节为支点，右手前臂向外摆动，带动手腕外展，使球拍外撇，在身前顺时针画一弧线，并在胸部前方击球。击球时，以手腕发力为主，拍头朝下，拍面前倾，摩擦球的中上部。击球后，随势向斜上方挥拍，顺挥至拍头指向前方，然后右脚蹬地后撤，迅速还原。

# 第 7 章
# 削球技术

虽然现在以削球技术为主的运动员越来越少，但如果在战术中灵活加入一些削球技术，往往会获得出其不意的效果。本章会介绍一些基础的削球技术和结合了削球技术的战术，帮助运动员在比赛中合理运用削球技术，打乱对手的击球节奏，转守为攻。

右臂抬起，向内屈肘，使上臂与前臂的夹角在90度左右，身体向右转动，重心随之右移，带动右臂向后上方引拍至右肩上方，手腕略微向外展开，使得拍面后仰，拍头指向左后方。

**其他角度**

热身与恢复

姿势与步法

球性练习

发球技术

横拍击球技术

直拍击球技术

削球技术

常用制胜策略

体能训练

# 反手削球引拍 »

扫一扫，看视频

右臂抬起，向内屈肘，使上臂与前臂的夹角在90度左右，身体向左转动，重心移至左脚，带动右臂向左后上方引拍至头部左侧，手腕放松，使得拍面后仰，拍头指向左后方。

### 其他角度

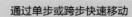
**通过单步或跨步快速移动**

## 近台削球 ≫

**01** 判断来球，移动到近台位置。到位后，双脚前后开立，略比肩宽，左脚在前，膝盖微屈，身体前倾。

**02** 通过单步或跨步快速移动到适合击球的位置，移动过程中向右转身，重心右移，抬起右臂并向内屈肘，向后上方引拍至肩部上方，前臂外旋，使拍面后仰。

---

**小知识**

与中远台削球相比，近台削球的动作幅度较小，击球点相对较高，球速与击球节奏相对较快，一般用于回击快拉上旋球。在比赛中，球员在削球时要出手迅速，并根据来球的旋转情况调节拍面后仰角度，保证回球的路线准确与落点灵活；同时可以运用主动逼角与反攻得分战术，以给对手带来一定的威胁，获得主动权或直接得分。

7.2

击球技术

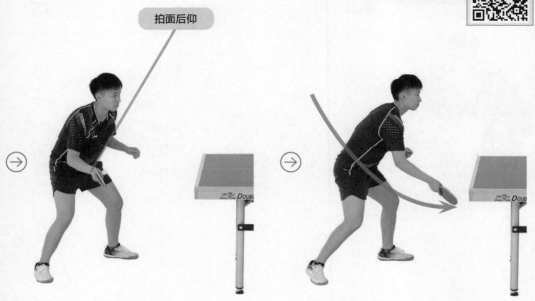

扫一扫，看视频

拍面后仰

**03** 在来球的高点期或下落前期，身体向左转回，重心随之向左前方移动，右手上臂带动前臂向左前下方摆动，在腰部的斜前方削球。击球时，球拍后仰，击球的中下部，手腕瞬间下切，使球拍向先下方砍，充分摩擦乒乓球。击球后，继续向左前下方挥拍，然后左脚蹬地，迅速还原成起始姿势。

## 常见问题和纠正方法

 **NO 问题** 削球时力量较弱，回球旋转程度不强。

 **YES 纠正** 挥拍时，右脚蹬地，转髋转腰，带动右臂前挥。击球时，以前臂和手腕发力为主，拍面后仰，击球的中下部，并控制球拍向下方砍，充分摩擦球。

热身与恢复

姿势与步法

球性练习

发球技术

横拍击球技术

直拍击球技术

削球技术

常用制胜策略

体能训练

中远台

## 01

判断来球，移动到中远台位置。到位后，双脚前后开立，略比肩宽，左脚在前，膝盖微屈，身体前倾。

击球点

## 02

左脚蹬地，身体向右转动，重心右移，右臂抬高，肘关节向内折叠，向后上方引拍至右肩上方，前臂外旋，拍面后仰。

## 03

在来球下落前期，右脚用力蹬地，腰部与髋部向左转动，重心随之向左前方移动，右手上臂带动前臂向左前下方挥动，在腰部的斜前方削球。击球时，拍面后仰，削球的中下部，手腕瞬间下切，向前下方充分摩擦来球。击球后，顺势向左前下方挥拍，然后左脚蹬地，立即还原成起始姿势。

**01**

判断来球，移动到中远台位置。到位后，双脚前后开立，略比肩宽，膝盖微屈，身体前倾。

中远台

**02**

右脚蹬地，向左转身，重心随之向左后方移动。抬起右臂，向内屈肘，肘关节上提，从身前向左上方引拍至左肩上方，手腕放松，使拍面后仰。

**03**

在来球下落前期，左脚蹬地，身体向右转回，重心随之右移，右手上臂带动前臂向右前下方挥动，在腹前击球。击球时，拍面后仰，削球的中下部，手腕瞬间下切，向前下方充分摩擦来球。击球后，身体继续右转，随势继续向右前下方挥拍，然后右脚蹬地，迅速还原成起始姿势。

热身与恢复

姿势与步法

球性练习

发球技术

横拍击球技术

直拍击球技术

削球技术

常用制胜策略

体能训练

**01** 判断来球，通过跳步或并步快速移动到适合削球的位置。在移动的过程中，向右转身，使得左肩在前，抬起右臂并屈肘，前臂外旋，向后上方引拍。

**04** 完成正手削球后，迅速归位，并观察对手回球，之后通过跳步或并步快速移动到适合反手削球的位置。在移动的过程中，向左转身，右臂上举并屈肘，肘关节上提，从身前向左后上方引拍至左肩上方，并使拍面后仰。到位后，重心放在左腿。

扫一扫，看视频

热身与恢复

姿势与步法

球性练习

发球技术

横拍击球技术

直拍击球技术

削球技术

常用制胜策略

体能训练

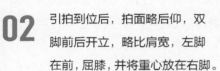

**02** 引拍到位后，拍面略后仰，双脚前后开立，略比肩宽，左脚在前，屈膝，并将重心放在右脚。

**03** 在来球的下落前期，身体向左转回，右手上臂带动前臂向左前下方挥动，拍面后仰，削球的中下部，进行正手削球。

**05** 在来球的下落前期，左脚蹬地，身体向右转回，重心随之右移，右手上臂带动前臂向右前下方挥动，拍面后仰，削球的中下部，进行反手削球。击球后，右脚蹬地，迅速还原，准备下一板击球。

**01** 判断来球，通过跳步或并步快速移动到中远台适合反手削球的位置。在移动的过程中，向左转身，右臂上举并屈肘，肘关节上提，从身前向左后上方引拍。

**04** 完成反手削球后，左脚继续蹬地，迅速归位，并观察对手回球。根据来球的长短迅速上步至近台位置，移动过程中右臂向内折叠，从身前引拍至左胸前方。

热身与恢复

姿势与步法

球性练习

发球技术

横拍击球技术

直拍击球技术

削球技术

常用制胜策略

体能训练

**02** 引拍到位后，拍面略后仰，双脚前后开立，略比肩宽，并将重心放在左腿。

**03** 在来球的下落前期，身体向右转回，重心随之右移，右手上臂带动前臂向右前下方挥动，拍面后仰，削球的中下部，进行反手削球。

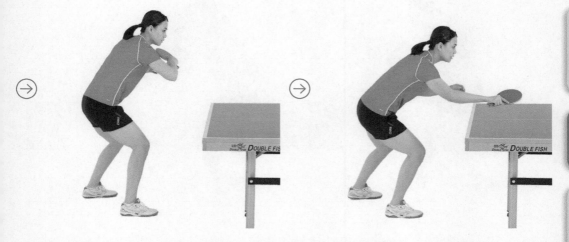

**05** 到位后，身体前倾，双脚前后开立，右脚在前，并将重心放在右腿。在球的上升后期，右臂前伸，以肘关节为支点，前臂向右下方摆动，在胸前击球的中下部。击球后，右脚蹬地后撤，迅速还原，准备下一板击球。

**01** 判断来球，右脚向前上步，移动到近台适合反手搓球的位置。移动的过程中，身体迎球前倾并向左转动，右臂向内折叠引拍。

**03** 击球后，右脚蹬地后撤，迅速还原，并观察对手回球，之后根据来球继续后退至中远台适合反手削球的位置。在移动的过程中，向左转身，右臂上举并屈肘，肘关节上提，从身前向左后上方引拍至左肩前上方。到位后，双脚前后开立，右脚在前，并将重心放在左腿。

热身与恢复

姿势与步法

球性练习

发球技术

横拍击球技术

直拍击球技术

削球技术

常用制胜策略

体能训练

扫一扫，看视频

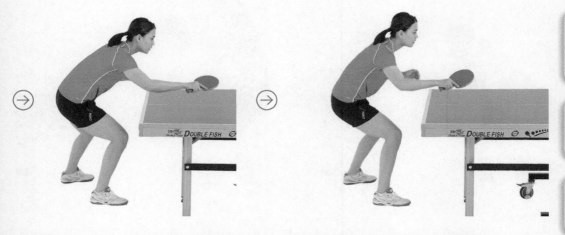

**02** 到位后，重心前压。在球的上升后期，身体向右转回，右臂前伸，以肘关节为支点，前臂向右下方摆动，在胸前击球的中下部，进行反手搓球。

**04** 在来球的下落前期，身体向右转回，重心随之右移，右手上臂带动前臂向右前下方挥动，拍面后仰，削球的中下部，进行反手削球。

**01** 判断来球，通过跳步或并步快速移动到中远台适合反手削球的位置。在移动的过程中，向左转身，右手前臂从身前向左后上方引拍。

**04** 击球后迅速还原，同时观察对手回球，之后根据来球迅速上步至中近台位置。在移动过程中，身体向右转动，右臂自然下垂，向右后下方引拍至膝盖的斜后方，手腕放松，使拍面前倾。到位后，重心放在右腿。

扫一扫，看视频

热身与恢复

姿势与步法

球性练习

发球技术

横拍击球技术

直拍击球技术

削球技术

常用制胜策略

体能训练

**02** 引拍到左肩上方，拍面后仰，双脚前后开立，略比肩宽，右脚在前，并将重心放在左腿。

**03** 在来球的下落前期，身体向右转回，重心随之右移，右手上臂带动前臂向右前下方挥动，拍面后仰，削球的中下部，进行反手削球。

**05**

在来球进入高点期时，右脚用力蹬地，向左转身，重心随之左移，带动右臂前挥，在身体右前方击球的中上部。击球后，左脚蹬地，迅速还原成起始姿势，准备下一板击球。

**小知识**

向后撤步的过程中，要注意保持身体平衡，以保证回球的稳定性和质量。此外，一定要正确判断机会球，移步及时迅速，找位合理准确，努力增加机会球的得分概率。

# 第 8 章
# 常用制胜策略

在实战中，一些技术动作可以组合使用，成为一套综合战术。其便于开展主动攻击或转守为攻，是比赛中的常用制胜策略。本章会介绍一些常用、基础的战术策略，提高运动员动作的连贯性，加强战术意识，使其能够更加冷静地面对赛场上的各种情况。

## 应对上旋球型选手 ≫

◉ 如果对手擅长正手进攻

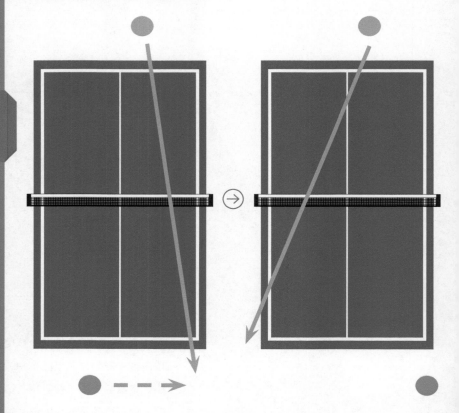

先集中将球打向对手的正手位，吸引对手移至球台右角附近，然后突然改变回球球路，攻击对手的反手位，使对手只能匆忙救球，降低回球质量，从而为自己创造机会球，或者使对手回球失误，直接得分。注意，因为前几板是对手擅长的正手进攻，所以一定要加强防守，避免在反击前让对手先行得分。

> **对手特点分析**
>
> 上旋球球速快、力量大、攻击性强，球从第一落点弹起后会突然加速或改变方向，所以擅长正手进攻的上旋球型选手的进攻节奏都相对较快。在比赛中，他们为了充分发挥正手优势，会频繁使用各种步法进行移动，力求在进攻时处在正手击球的位置，通过高质量的正手上旋球增加得分概率。

在比赛中，除了可以通过球路的变化，迫使对手大范围地左右移动，创造两次回球之间的横向距离；还可以通过长、短球的配合，让对手前后移动，创造两次回球之间的纵向距离。

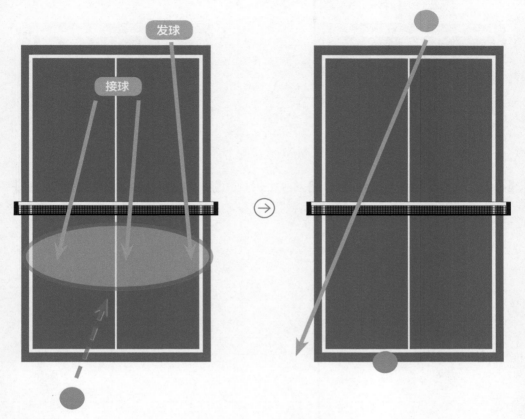

## 01

通过发短球、挑短球、搓球等方式，让球的第一落点比较靠前，迫使对手向前上步，在台内接球，创造后方的空位。

## 02

在对手上前回球，保持右腿伸至台下时，便可以改为长球进行回击，攻击对手的反手位置，让对手来不及挪步调整位置，无法顺利接球。

要点提示
攻击对手的反手位置时，这板球一定要速度快且攻击性强，通过球速与球路的突然变化，使对手无法及时调整。在比赛中，这板球一般选择上旋球。

热身与恢复

姿势与步法

球性练习

发球技术

横拍击球技术

直拍击球技术

削球技术

常用制胜策略

体能训练

## ● 如果对手擅长反手进攻

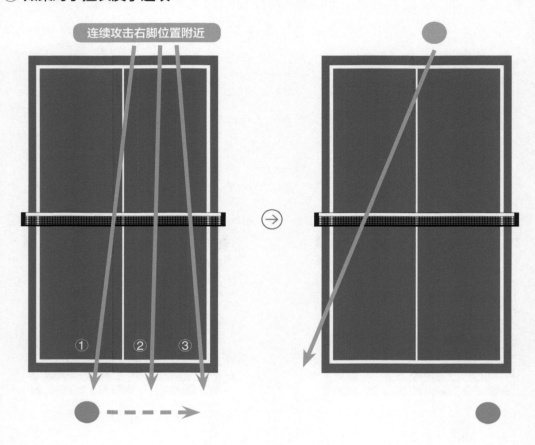

连续攻击右脚位置附近

① ② ③

# 01

连续将球打至对手右脚位置附近，
吸引对手向右移动，进行反手回球，
使其逐渐偏离球台中央，以创造出
左右间的横向距离差。

# 02

在对手移动到球台右角附近时，猛然攻
击对手的反手位，让对手只能匆忙救
球，无法发挥反手优势，从而创造机会
球或直接得分。

**对手特点分析**

对于擅长反手进攻的上旋球型选手来说，即使球在自己正手回球的范围内，他也会快速移动，
以使用反手回球。如果该球员是右手持拍，上述范围在球台的正中到其右脚附近。

热身与恢复

姿势与步法

球性练习

发球技术

横拍击球技术

直拍击球技术

削球技术

常用制胜策略

体能训练

◉ **如果对手正、反手进攻能力均衡**

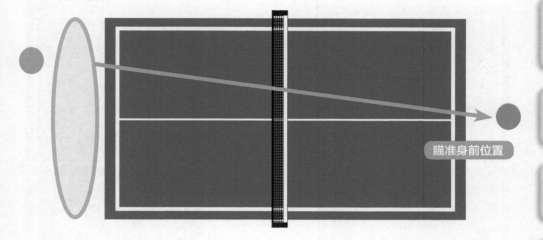

近台快攻

瞄准身前位置

面对进攻能力比较全面，正、反手进攻都比较擅长的选手时，应该抢先展开近台快攻，并瞄准对手身前的位置，在对手露出破绽时果断出手，在其调整之前占据主动权，争取得分。进行快攻时，要努力减少失误，提高单板击球质量，掌握比赛节奏，避免被对手反攻，陷入只能防守的被动局面。

---

**对手特点分析**

正、反手进攻能力均衡的球员往往是全能型选手，他们技术全面，攻击灵活，且没有明显不足，不管是前三板还是相持阶段都很少处在下风，因此在比赛中不会出现较大失误。面对这种类型的选手一定不能松懈，不然很容易一直处于被动，很难再次占据有利局面。

---

**要点提示**

在对手的技术较为全面时，最好避免在进行对攻时，与其进入相持阶段，不然很容易暴露技术缺陷，失去主动权。在双方实力差距较大的情况下，更应该避免进行拉锯战。因此，在比赛中，不仅要提高前三板球的击球质量，还要大胆、果断地展开进攻，力求快速得分，不给对手调整时间。

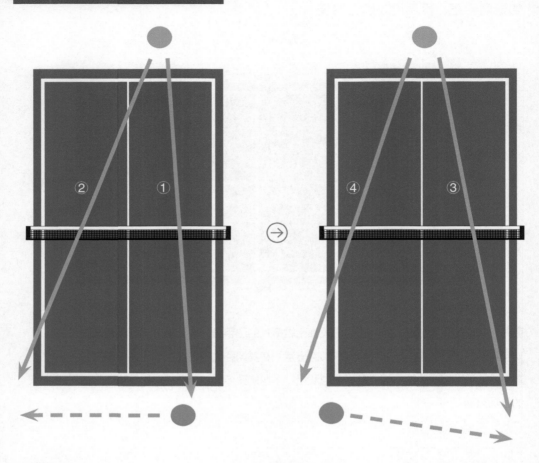

# 01

在进攻正手位之后，突然改变球路，通过搓球攻击反手位，这样对手的回球速度普遍较慢，给我方提供了一个进攻正手位的机会。

# 02

再次进攻正手位时，将球打至对手球台的右边角附近，迫使对手退到中远台。如果对手将球救起，那之后再次攻击反手位，通过这种左右调动让对手疲于招架。

**对手特点分析**

近台快攻型选手擅长拉锯战，结合近台快攻，加快进攻节奏，让对手陷入被动，来不及有效施展战术。因此，面对该类型的选手，应该不断变换球速与球路，多打球速较慢的下旋球与不转球，打乱对手的节奏，并灵活控制落点，迫使对手频繁跑动、退到远台。

热身与恢复

姿势与步法

球性练习

发球技术

横拍击球技术

直拍击球技术

削球技术

常用制胜策略

体能训练

## 应对近台攻守型选手 》》

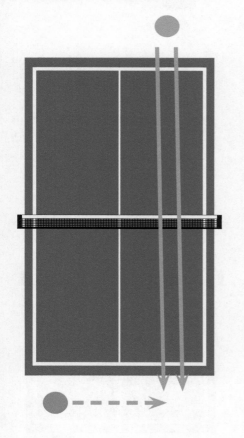

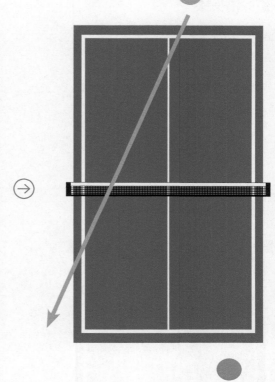

# 01

近台攻守型的球员经常站在反手位置，即使在进行了正手进攻后，他们也会马上回到反手位置。因此，可以先连续通过直球攻击对手的正手位置，以消耗他的体力。

# 02

攻击正手位时要将长球、短球、高球、低球结合在一起，避免单一的打法。在对手的反手出现破绽后，立即攻击他的反手位置，让其来不及防守。

对手特点分析

近台攻守型球员一般都会保持近台站位，并且更加重视防守。面对我方的主动进攻，他们不仅会通过推挡等技术来防守，使我方被回球影响，造成无效进攻、体力消耗过大的情况；还会在防守中寻找我方破绽，趁机转守为攻，获得主动权。

◉ 短球接长球

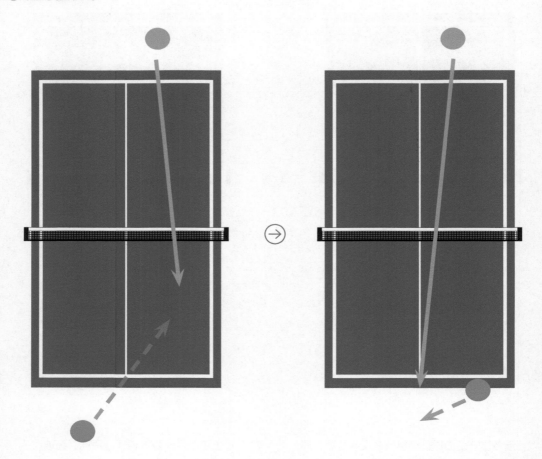

## 01

面对削球型选手，可以先攻击对手的正手近台位置，迫使对手向前上步，移动到近台来接球。

## 02

之后再瞄准对手的身前，打一长球迫使其后退击球。这样可以创造两次击球点之间的纵向距离，让对手频繁前后跑动，降低他的削球质量，使其无法顺利反攻得分。

热身与恢复

姿势与步法

球性练习

发球技术

横拍击球技术

直拍击球技术

削球技术

常用制胜策略

体能训练

◉ **正手近台接正手远台**

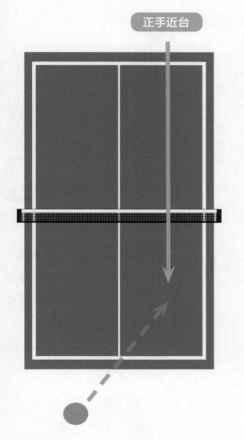

## 01

面对削球型选手，也可以先攻击对手的正手近台位置，迫使对手向前上步，移动到近台来接球。

## 02

之后攻击对手的正手远台，让对手频繁前后跑动，且不要将球打向对手的反手位置，因为削球型选手比较擅长接反手球。

**对手特点分析**

削球型选手通常选择中远台站位，通过削球技术制造旋转，导致我方接球失误。分为两种情况：只在防守时使用削球和在进攻、防守时均使用削球。面对前者最好主动进攻，在第二板、第四板进行强攻；面对后者在进攻时应以上旋球为主，以提高对手回球的失误率。

## 横拍正手发球后正手抢拉 ≫

小知识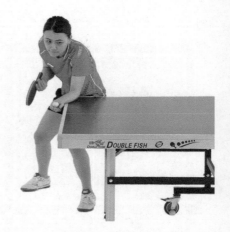

在发球前，应该提前分析
对手的特点与不足，根据
自身战术需要，选择合适
的发球技术，以在合适的
时机与位置发球。

**01** 侧身站在球台左角外侧，两脚前后
分开，与肩同宽，左脚在前；身体
前倾，左手持球于掌心并置于身体
左前方。

→

**03** 发完球后，左脚蹬地，右脚向斜后方撤步，左脚随之适当调整，使身
体正面朝向球台。之后通过并步向来球方向移动。

扫一扫，看视频

热身与恢复

姿势与步法

球性练习

发球技术

横拍击球技术

直拍击球技术

削球技术

常用制胜策略

体能训练

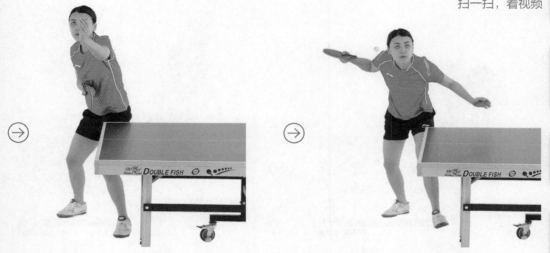

**02** 左手垂直向上抛球，抛球的同时向右转身，重心随之右移，右臂抬起并自然弯曲，向右后方引拍至头部的右后方。根据使用的正手发球技术，在适合的时机向左转身，重心向左移动，向左前下方挥拍，在身体的斜前方击球。

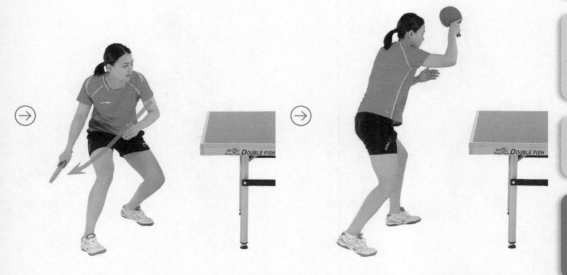

**04** 向右转身，右臂自然下垂，向后引拍至膝盖后方。到位后，重心放在右腿上。在来球的下落前期，右脚蹬地，身体向左转动，重心随之左移，向左前上方挥拍，球拍前倾，在腰部的右前方击球。击球后，随势挥拍，然后左脚蹬地，让重心回到两脚之间，迅速还原，准备回击下一板来球。

**01** 侧身站在球台左角外侧，两脚前后分开，与肩同宽，左脚在前；身体前倾，左手持球于掌心并置于身体左前方。

**02** 左手垂直向上抛球，抛球的同时向右转身，重心随之右移，右臂抬起并自然弯曲，向右后方引拍。

**05** 根据来球路线向后撤步，移动到适合反手击球的位置。

扫一扫，看视频

热身与恢复

姿势与步法

球性练习

发球技术

横拍击球技术

直拍击球技术

削球技术

常用制胜策略

体能训练

**03** 根据使用的正手发球技术，在适合的时机向左转身，重心向左移动，向左前下方挥拍，在身体的斜前方击球。

**04** 发完球后，左脚蹬地，右脚向斜前方上步，左脚随之适当调整，使身体正面朝向球台。

**06** 身体向左转动，右臂内折，手腕内勾，从身前向左后下方引拍至大腿前方。到位后，重心放在左腿上，含胸收腹，身体前倾。在来球进入高点期时，身体向右转动，重心随之右移，以肘关节为支点，右手前臂向右前上方挥动，手腕外展，拍面前倾，在身体前方击球。击球后，随势挥拍，然后右脚蹬地，迅速还原，准备回击下一板来球。

**01** 侧身站在球台左角外侧，两脚前后分开，与肩同宽，左脚在前；身体前倾，左手持球于掌心并置于身体左前方。

**02** 左手垂直向上抛球，抛球的同时向右转身，重心随之右移，右臂抬起并自然弯曲，向右后方引拍。

**05** 左脚后撤，适当调整，之后通过并步小范围向左前方移动，进行充分侧身。在移动的过程中，腰部向右转动，右臂自然下垂，向后下方引拍，手腕内旋，使拍面前倾。

扫一扫，看视频

热身与恢复

姿势与步法

球性练习

发球技术

横拍击球技术

直拍击球技术

削球技术

常用制胜策略

体能训练

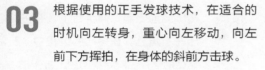

**03** 根据使用的正手发球技术，在适合的时机向左转身，重心向左移动，向左前下方挥拍，在身体的斜前方击球。

**04** 发完球后，左脚蹬地，右脚向斜后方撤一小步，同时使身体重心回到双脚中央，迅速还原。

**06** 到位后，左脚位于右脚的左前方，并将重心放在右腿上。在来球的下落前期，向左转身，重心随之左移，带动右臂向左上方摆动，在身体的右前方击球。击球后，随势挥拍，然后左脚蹬地，通过跳步向右移动，迅速还原，准备下一板回球。

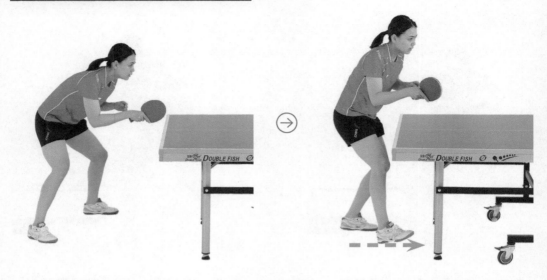

**01** 站位近台，双脚前后开立，略比肩宽，左脚在前，膝盖微屈，身体前倾，仔细观察来球。

**02** 右脚向前上步，伸至台下，并将重心压在右腿上。在移动的过程中，右臂略微前伸并屈肘，稍向后上方引拍。

**04** 击球后，右脚蹬地后撤，迅速还原。之后左脚蹬地，右脚向正手来球方向迈步，并在移动的过程中向右转身，右臂自然下垂，向后下方引拍至膝盖的斜后方，手腕内旋，使拍面前倾。到位后，重心放在右脚上。

扫一扫，看视频

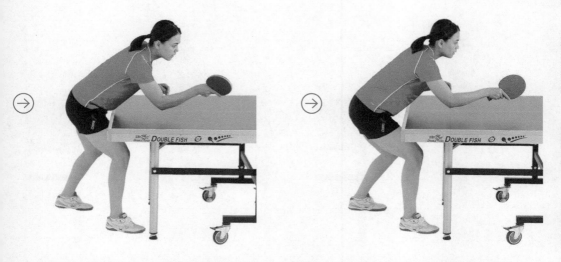

**03** 在来球的上升期或下落前期，右臂迎球前伸，向左前下方挥拍，在身体的右前方击球，拍面后仰，摩擦球的中下部，通过正手搓球回击来球。

**05** 在来球的下落前期，右脚蹬地，身体向左转动，重心随之左移，向左前上方挥拍，球拍前倾，在腰部的右前方击球。击球后，随势挥拍，然后左脚蹬地，通过跳步或并步向右移动，迅速还原，准备回击下一板来球。

热身与恢复

姿势与步法

球性练习

发球技术

横拍击球技术

直拍击球技术

削球技术

常用制胜策略

体能训练

**01** 站位近台，双脚前后开立，略比肩宽，左脚在前，膝盖微屈，身体前倾，仔细观察来球。

**02** 右脚向前上步，伸至台下，并将重心压在右腿上。在移动的过程中，右臂略微前伸并屈肘，稍向后上方引拍。

**04** 击球后，右脚蹬地后撤，迅速还原。之后根据来球路线向后撤步，移动到适合反手击球的位置。

扫一扫，看视频

热身与恢复

姿势与步法

球性练习

发球技术

横拍击球技术

直拍击球技术

削球技术

常用制胜策略

体能训练

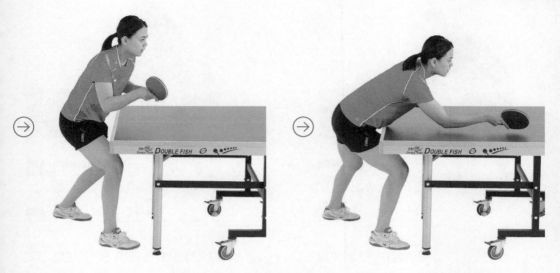

**03** 在来球的上升期或下落前期，右臂迎球前伸，向左前下方挥拍，在身体的右前方击球，拍面后仰，摩擦球的中下部，通过正手搓球回击来球。

**05** 在移动的过程中，身体向左转动，右臂内折，手腕内勾，从身前向左后下方引拍至大腿前方。到位后，重心放在左腿上，含胸收腹，身体前倾。在来球进入高点期时，身体向右转动，重心随之右移，以肘关节为支点，右手前臂向右前上方挥动，带动手腕外展，拍面前倾，在身体前方击球。击球后，随势挥拍，然后右脚蹬地，迅速还原，准备回击下一板来球。

**01** 站位近台，双脚前后开立，略比肩宽，左脚在前，膝盖微屈，身体前倾，仔细观察来球。

**02** 右脚向前上步，伸至台下，并将重心移至右腿。在移动的过程中，右臂略微前伸并向内折叠，向左后方引拍至胸前。

**04** 击球后，右脚蹬地后撤，迅速还原。之后左脚蹬地，右脚向正手来球方向迈步，并在移动的过程中向右转身，右臂自然下垂，向后下方引拍至膝盖的斜后方，手腕内旋，使拍面前倾。到位后，重心放在右脚上。

扫一扫，看视频

热身与恢复

姿势与步法

球性练习

发球技术

横拍击球技术

直拍击球技术

削球技术

常用制胜策略

体能训练

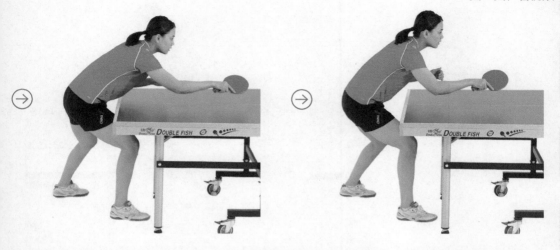

**03** 在来球的上升期或下落前期，右臂迎球前伸，以肘关节为支点，前臂向右前下方挥动，在右胸前方击球，拍面后仰，摩擦球的中下部，通过反手搓球回击来球。

## 05

在来球的下落前期，右脚蹬地，身体向左转动，重心随之左移，向左前上方挥拍，拍面前倾，在腰部的右前方击球。击球后，随势挥拍，然后左脚蹬地，通过跳步或并步向右移动，迅速还原，准备回击下一板来球。

**要点提示** 搓球时，一定要带有目的性与计划性，提前对回球的长短、落点以及与下一板拉球的衔接进行综合考虑，避免出现无效进攻的情况。

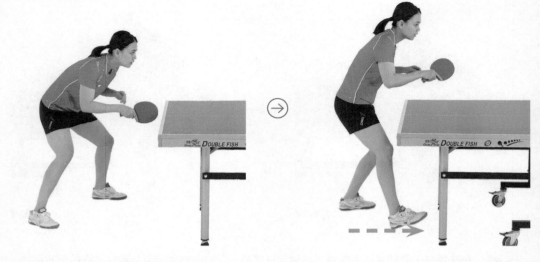

**01** 站位近台，双脚前后开立，略比肩宽，左脚在前，膝盖微屈，身体前倾，仔细观察来球。

**02** 右脚向前上步，伸至台下，并将重心移至右腿。在移动的过程中，右臂略微前伸并向内折叠，向左后方引拍至胸前。

**04** 击球后，右脚蹬地后撤，迅速还原。之后根据来球路线向后撤步，移动到适合反手击球的位置。在移动的过程中，身体向左转动，右臂内折，手腕内勾，从身前向左后下方引拍至大腿前方。到位后，重心放在左腿上，含胸收腹，身体前倾。

热身与恢复

姿势与步法

球性练习

发球技术

横拍击球技术

直拍击球技术

削球技术

常用制胜策略

体能训练

扫一扫，看视频

**03** 在来球的上升期或下落前期，右臂迎球前伸，以肘关节为支点，前臂向右前下方挥动，在右胸前方击球，拍面后仰，摩擦球的中下部，通过反手搓球回击来球。

**05** 在来球进入高点期时，双脚蹬地，向右转身，重心随之右移，以肘关节为支点，右手前臂向右前上方挥动，带动手腕外展，拍面前倾，在身体前方击球。击球后，随势挥拍，然后右脚蹬地，迅速还原，准备回击下一板来球。

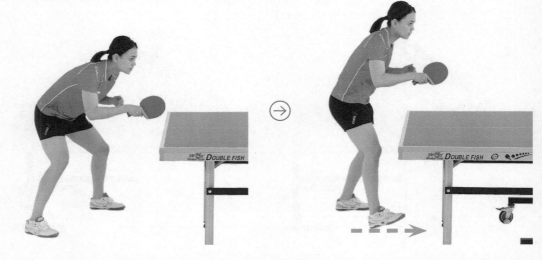

**01** 站位近台，双脚前后开立，略比肩宽，左脚在前，膝盖微屈，身体前倾，仔细观察来球。

**02** 右脚向前上步，伸至台下，并将重心移至右腿。

**04** 击球后，右脚蹬地后撤，迅速还原。之后右脚蹬地，通过跳步向左前方移动，并充分侧身。

热身与恢复

姿势与步法

球性练习

发球技术

横拍击球技术

直拍击球技术

削球技术

常用制胜策略

体能训练

扫一扫，看视频

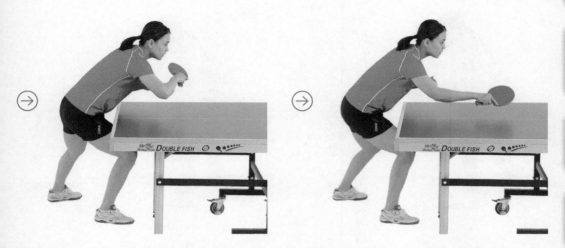

**03** 在移动的过程中，右臂略微前伸并向内折叠，向左后方引拍至胸前。在来球的上升期或下落前期，右臂迎球前伸，以肘关节为支点，前臂向右前下方挥动，在右胸前方击球，拍面后仰，摩擦球的中下部，通过反手搓球回击来球。

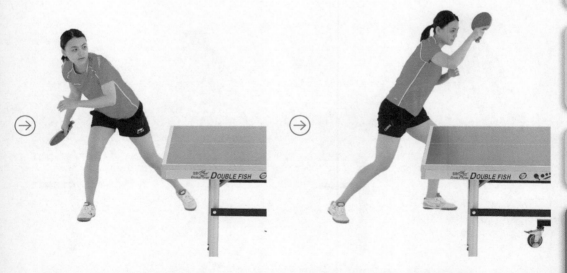

**05** 在移动过程中，身体向右转动，右臂自然下垂，向后下方引拍至膝盖的斜后方，手腕内旋，使拍面前倾。到位后，左脚位于右脚的左前方，并将重心放在右腿上。在来球的下落前期，向左转身，重心随之左移，带动右臂向左上方摆动，在身体的右前方击球。击球后，随势挥拍，然后左脚蹬地，通过跳步向右移动，迅速还原，准备下一板回球。

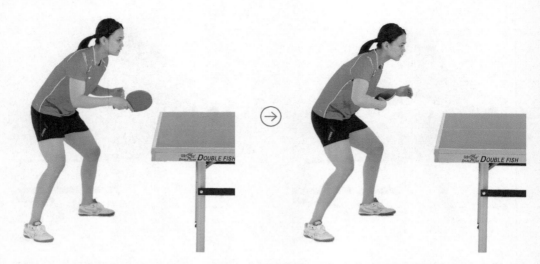

**01** 站位近台，双脚平行开立，略比肩宽，膝盖微屈，身体前倾，并仔细观察来球。

**02** 右臂向内折叠，手腕内勾，使拍头朝左，向左后上方引拍至胸前，并根据来球的旋转情况，使拍面适当前倾。

**04** 击球后，迅速还原，然后通过并步或跳步向来球方向移动。在移动过程中，身体向右转动，右臂自然弯曲，向身体的右后方引拍，前臂内旋，使拍面略微前倾。

**03** 在来球的上升期，右臂迎球前伸，以肘关节为支点，前臂加速向右前上方挥动，带动手腕外展，在胸前击球。击球时，手腕保持相对固定，拍面前倾，击球的中上部，利用来球的反弹力将球向右前方拨回。

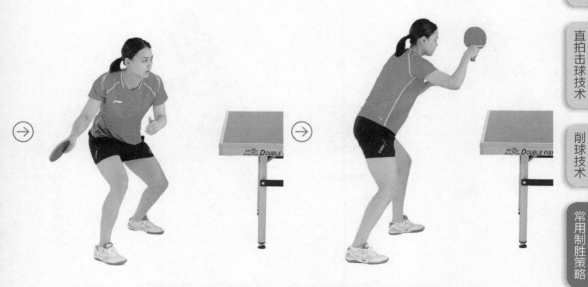

**05** 到位后，双腿屈膝，并将重心放在右腿。在来球的高点期，右脚蹬地，身体向左转动，重心随之左移，带动右臂向左前上方挥动，在身体右前方击球。击球后，左脚蹬地，将重心移回双脚中间，迅速还原，准备下一板回球。

热身与恢复

姿势与步法

球性练习

发球技术

横拍击球技术

直拍击球技术

削球技术

常用制胜策略

体能训练

**01** 站位近台，双脚平行开立，略比肩宽，膝盖微屈，身体前倾，并仔细观察来球。

**02** 右臂向内折叠，手腕内勾，使拍头朝左，向左后上方引拍至胸前，并根据来球的旋转情况，使拍面适当前倾。

**04** 击球后，迅速还原，然后左脚蹬地，通过并步或跳步向来球方向移动。

扫一扫，看视频

热身与恢复

姿势与步法

球性练习

发球技术

横拍击球技术

直拍击球技术

削球技术

常用制胜策略

体能训练

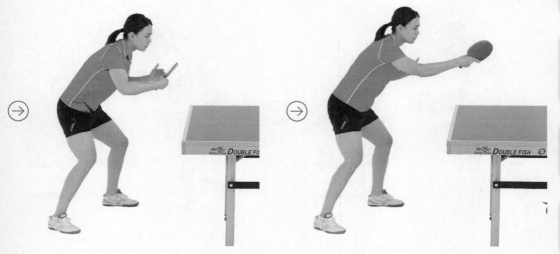

**03** 在来球的上升期，右臂迎球前伸，以肘关节为支点，前臂加速向右前上方挥动，带动手腕外展，在胸前击球。击球时，手腕保持相对固定，拍面前倾，击球的中上部，利用来球的反弹力将球向右前方拨回。

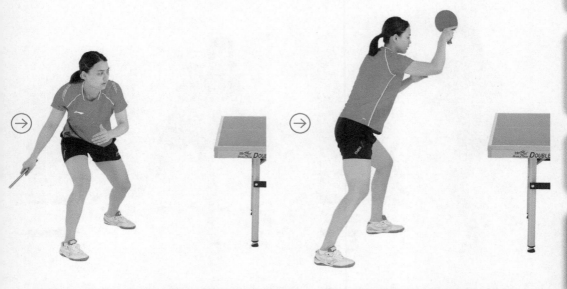

**05** 在移动的过程中向右转身，右臂自然下垂，向后下方引拍至膝盖的斜后方，手腕内旋，使拍面前倾。到位后，身体前倾，重心放在右脚上。在来球的下落前期，右脚蹬地，身体向左转动，重心随之左移，向左前上方挥拍，拍面前倾，在腰部的右前方击球，并多向上摩擦球。击球后，随势挥拍，然后左脚蹬地，迅速还原，准备回击下一板来球。

## 横拍反手拉球后转正手侧身位冲球 »

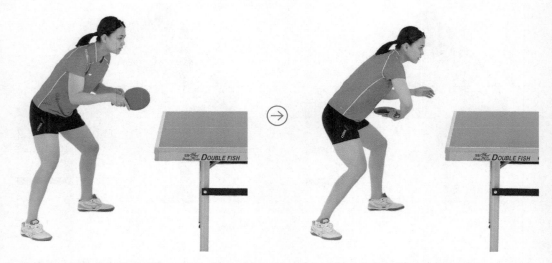

**01** 站位近台，双脚分开，略比肩宽，膝盖微屈，身体前倾，并仔细观察来球。

**02** 向左转身，重心左移，右肩前倾，右臂向内折叠，向左后下方引拍至腹前，手腕内勾，使拍头朝左后方。

**04** 右脚蹬地，通过跳步向左前方移动，并充分侧身。在移动过程中，向右转身，右臂自然弯曲，向后引拍至大腿的右后方，手腕内旋，使拍面前倾。注意，要多向后引拍，同时略微向下。

扫一扫，看视频

热身与恢复

姿势与步法

球性练习

发球技术

横拍击球技术

直拍击球技术

削球技术

常用制胜策略

体能训练

**03** 在来球进入高点期时，双脚蹬地，向右转腰，身体向右前上方顶，重心随之右移，以肘关节为支点，右手前臂向右前上方挥动，带动手腕外展，拍面前倾，在胸前击球。击球后，随势挥拍，然后右脚蹬地，迅速还原，准备回击下一板来球。

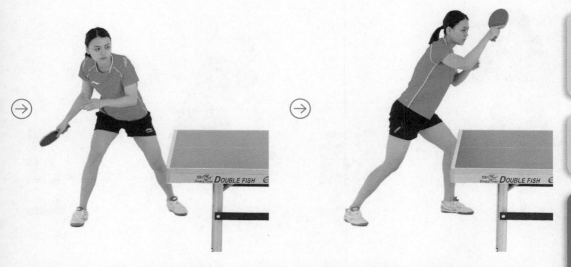

**05** 到位后，重心放在右脚上。在来球的下落前期，右脚蹬地发力，腹部收紧，向左转身，重心随之左移，带动右臂向左前上方挥动，在身体的右前方击球，并多向前、少向上摩擦球。击球后，随势挥拍，然后左脚蹬地，通过跳步向右移动，迅速还原，准备下一板回球。

**01** 站位近台，双脚分开，略比肩宽，膝盖微屈，身体前倾，并仔细观察来球。

**02** 左脚蹬地，向左移动，同时向右转身。

**04** 右脚蹬地，通过跳步向左前方移动，并充分侧身。在移动过程中，身体向右转动，右臂自然下垂，向后下方引拍至膝盖的斜后方，手腕内旋，使拍面前倾。到位后，左脚位于右脚的左前方，并将重心放在右腿上。

热身与恢复

姿势与步法

球性练习

发球技术

横拍击球技术

直拍击球技术

削球技术

常用制胜策略

体能训练

**03** 右肩下沉，右臂自然下垂，向后下方引拍至膝盖的斜后方。到位后，身体前倾，重心放在右腿。在来球的下落前期，右脚蹬地，身体向左转动，重心随之左移，向左前上方挥拍，拍面前倾，在腰部的右前方击球。击球后，随势挥拍，然后迅速还原。

**05**

在来球的下落前期，向左转身，核心收紧，重心随之左移，带动右臂向左上方挥动，在身体的右前方击球，并多向前摩擦球。击球后，随势挥拍，然后左脚蹬地，通过跳步向右移动，迅速还原，准备下一板回球。

**要点提示**

进行正手拉球时，一定要提高回球质量，保证回球的力量与球速，并对对方的回球有一定的预判，使自己之后能够有足够的时间充分侧身让位。

**01** 站位中近台，双脚前后开立，略比肩宽，左脚在前，膝盖微屈，身体前倾，并仔细观察来球。

**02** 左脚蹬地,通过并步向来球方向移动。

**04** 右脚向后跨步至中台，并根据来球调整位置，移动到适合回球的位置。在移动过程中，身体向右转动，右臂自然弯曲，向后引拍。到位后，双腿屈膝，并将重心落在右腿上。

扫一扫，看视频

热身与恢复

姿势与步法

球性练习

发球技术

横拍击球技术

直拍击球技术

削球技术

常用制胜策略

体能训练

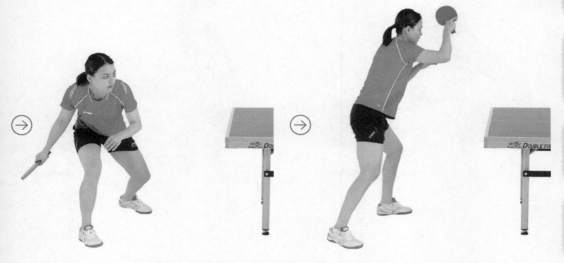

**03** 移动的过程中，向右转身，右臂自然下垂，上臂靠近身体，向后下方引拍至右膝后方。到位后，重心下沉，并将重心放在右腿。在来球上升后期，右脚蹬地，身体向左转回，重心随之左移，带动右臂向左前上方加速摆动，拍面略微前倾，在腰部的右前方击球。击球后，随势挥拍，然后迅速还原。

**05**

在来球的上升期，右脚用力蹬地，腹部收紧，身体向左转动，重心随之左移，带动右臂向左上方挥动，拍面前倾，在腰部的右前方击球。击球后，随势挥拍，然后左脚蹬地，通过跳步向右移动，迅速还原，准备下一板回球。

**要点提示** 拉下旋球时，多向下方引拍；击球时，拍面略微前倾，摩擦球的中部，并多向上摩擦球，尽量不撞击球。拉上旋球时，多向后方引拍；击球时，拍面前倾，摩擦球的中上部，并多向前摩擦球，且要用球拍撞击球。

**01** 站位中近台，双脚前后开立，略比肩宽，左脚在前，膝盖微屈，身体前倾，并仔细观察来球。

**02** 左脚蹬地，通过并步向来球方向移动。

**04** 左脚蹬地，右脚向后跨步，根据来球调整位置，移动到适合回球的位置。在移动的过程中，转腰收胯，向右转身，带动右臂向右后方引拍至大腿后侧附近。手腕内旋，使拍面前倾。到位后，双脚间距离略比肩宽，双腿屈膝，并将重心落在右腿上。

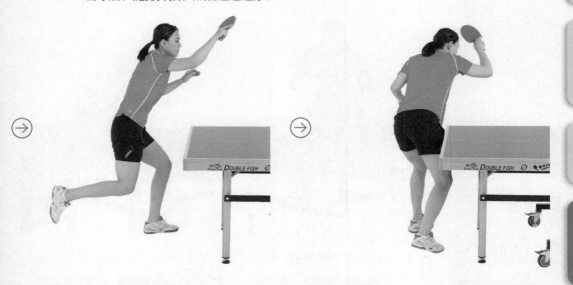

热身与恢复

姿势与步法

球性练习

发球技术

横拍击球技术

直拍击球技术

削球技术

常用制胜策略

体能训练

扫一扫，看视频

**03** 移动的过程中，向右转身，右臂自然下垂，上臂靠近身体，向后下方引拍至右膝后方。到位后，重心下沉，并将重心放在右腿。在来球下落前期，右脚蹬地，身体向左转回，重心随之左移，带动右臂向左前上方加速摆动，拍面略微前倾，在腰部的右前方击球。击球后，随势挥拍，然后迅速还原。

**05** 在来球的下落前期，右脚用力蹬地，迎球向前跳起，同时向左转腰，右手上臂发力带动前臂加速向左前上方摆动，在胸部的右前方击球。击球后，顺势挥拍至头部左侧，然后左脚蹬地，右脚后撤，使身体正面朝前，并迅速还原，准备下一板回球。

**直拍发短下旋球接正手侧身抢攻** >>

**01** 侧身站在球台左角外侧，两脚前后分开，左脚在前；身体前倾，左手持球于掌心并置于身体左前方。之后左手垂直向上抛球。

**04** 击球后，随势挥拍，然后右脚向右后方撤一步，左脚适当调整位置，移至球台的左侧。

**05** 通过并步向来球方向移动，并充分侧身。在移动过程中，向右转腰，右臂自然下垂，向右后方引拍。到位后，重心放在右腿上。

扫一扫，看视频

热身与恢复

姿势与步法

球性练习

发球技术

横拍击球技术

直拍击球技术

削球技术

常用制胜策略

体能训练

**02** 抛球的同时向右转身，重心随之右移，右臂抬起并自然弯曲，向后引拍。

**03** 在球落至稍高于球网高度时，向左转身，右手上臂架起，以肘关节为支点，向左前下方加速挥拍，拍面后仰，摩擦球的中下部。

**06** 在来球的下落前期，右脚蹬地，向左转身，重心左移，带动右臂向左前上方挥动，拍面前倾，在身体右前方击球。击球后，随势挥拍，然后迅速还原，准备下一板回球。

**路线示意**

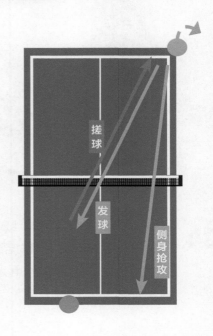

搓球

发球

侧身抢攻

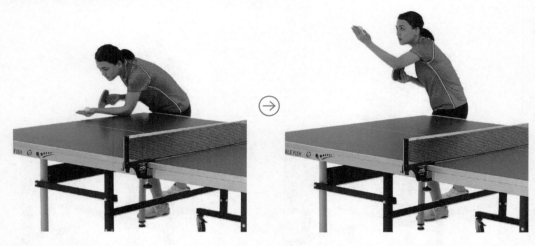

**01** 侧身站在球台左角外侧，两脚前后分开，左脚在前；身体前倾，左手持球于掌心并置于身体左前方。之后左手垂直向上抛球。

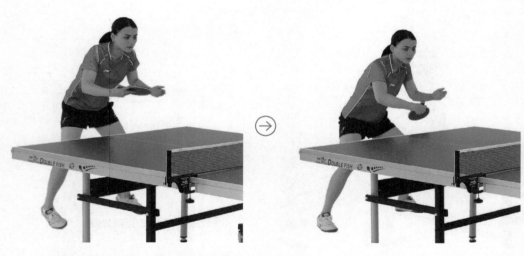

**04** 发完球后，迅速还原，同时观察对手回球。之后左脚蹬地，右脚向后撤步，左脚随之后撤，移动到球台中央，并使身体正面朝向球台。

**05** 在移动的过程中，身体向左转动，右臂内折，从身前向左后下方引拍至大腿前方，手腕内勾，使拍头朝后。到位后，重心放在左腿上，含胸收腹，身体前倾。

扫一扫，看视频

热身与恢复

姿势与步法

球性练习

发球技术

横拍击球技术

直拍击球技术

削球技术

常用制胜策略

体能训练

**02** 抛球的同时向右转身，重心随之右移，右臂抬起并自然弯曲，向身体的右后方引拍。

**03** 在球落至稍高于球网高度时，向左转身，右手上臂架起，以肘关节为支点，向左前下方加速挥拍，拍面后仰，摩擦球的中下部。

路线示意

**06** 在来球的高点期，向右转身，重心右移，以肘关节为支点，右手前臂向右前上方挥动，带动手腕外展，在胸前击球。击球后，随势挥拍，然后右脚蹬地，迅速还原，准备回击下一板来球。

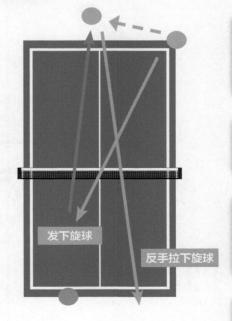

发下旋球

反手拉下旋球

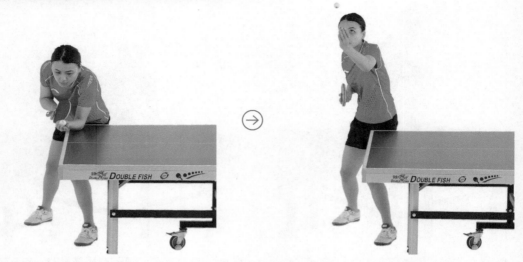

**01** 侧身站在球台左角外侧，两脚前后分开，与肩同宽，左脚在前；身体前倾，左手持球于掌心并置于身体左前方，然后垂直向上抛球。

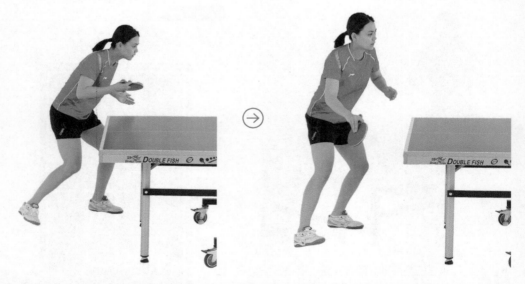

**03** 发完球后，左脚蹬地，右脚向右后方撤步，左脚随之移动，使身体正面朝向球台，同时迅速还原。之后通过并步向来球方向移动。

热身与恢复

姿势与步法

球性练习

发球技术

横拍击球技术

直拍击球技术

削球技术

常用制胜策略

体能训练

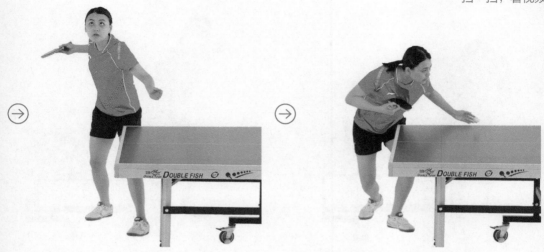

**02** 抛球的同时向右转身，重心随之右移，右臂抬起并自然弯曲，向身体的右后方引拍。根据使用的正手发球技术，在适合的时机向左转身，重心向左移动，向左前下方挥拍，在身体的斜前方击球。

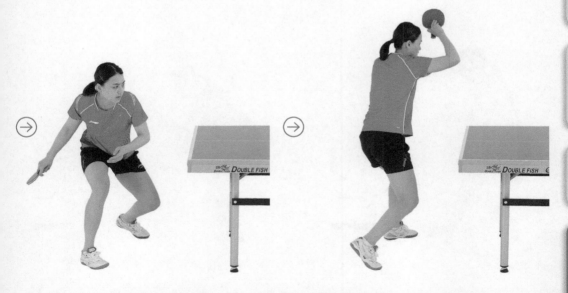

**04** 在移动的过程中向右转身，右臂自然下垂，向后引拍至膝盖后方。到位后，身体前倾，双腿屈膝，并将重心放在右腿上。在来球的下落前期，右脚蹬地，身体向左转动，重心随之左移，带动右臂向左前上方挥动，球拍前倾，在腰部的右前方击球。击球后，随势挥拍，然后左脚蹬地，让重心回到两脚之间，迅速还原，准备回击下一板来球。

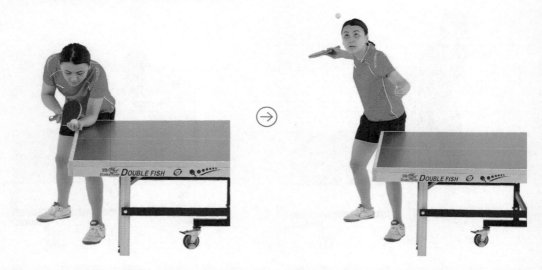

**01** 侧身站在球台左角外侧，两脚前后分开，与肩同宽，左脚在前；身体前倾，左手持球于掌心并置于身体左前方，然后垂直向上抛球。抛球的同时向右转身，重心随之右移，右臂抬起并自然弯曲，向身体的右后方引拍。

**04** 根据来球路线向斜后方撤步，移动到适合反手击球的位置。移动的过程中，身体向左转动，右臂内折，从身前向左后下方引拍至大腿前方，手腕内勾，使拍头指向后方。

扫一扫，看视频

热身与恢复

姿势与步法

球性练习

发球技术

横拍击球技术

直拍击球技术

削球技术

常用制胜策略

体能训练

**02** 根据使用的正手发球技术，在适合的时机向左转身，重心向左移动，向左前下方挥拍，在胸前击球。

**03** 发完球后，左脚蹬地，右脚向右后方撤步，左脚随之移动，使身体正面朝向球台。

**05** 到位后，重心放在左腿上，含胸收腹，身体前倾。在来球进入高点期时，身体向右转动，重心随之右移，以肘关节为支点，右手前臂向右前上方挥动，带动手腕外展，在身体前方击球。击球后，随势挥拍，然后右脚蹬地，迅速还原，准备回击下一板来球。

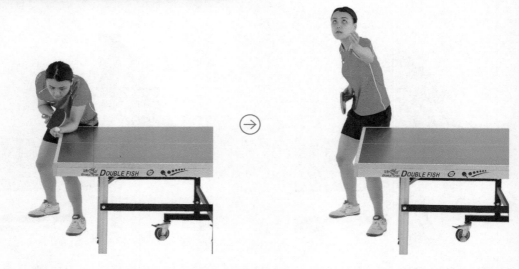

**01** 侧身站在球台左角外侧，两脚前后分开，与肩同宽，左脚在前；身体前倾，左手持球于掌心并置于身体左前方，然后垂直向上抛球。抛球的同时向右转身，重心随之右移，右臂抬起并自然弯曲，向身体的右后方引拍。

**04** 通过并步在小范围内向左前方移动，进行充分侧身。

热身与恢复

姿势与步法

球性练习

发球技术

横拍击球技术

直拍击球技术

削球技术

常用制胜策略

体能训练

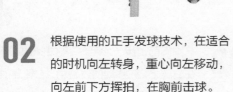

**02** 根据使用的正手发球技术，在适合的时机向左转身，重心向左移动，向左前下方挥拍，在胸前击球。

**03** 发完球后，左脚蹬地，右脚向右后方撤步，左脚随之移动，使身体正面朝向球台。

**05** 在移动的过程中，腰部向右转动，右臂自然下垂，向后下方引拍至膝盖的斜后方，手腕放松，使拍头朝左，拍面前倾。到位后，左脚位于右脚的左前方，并将重心放在右腿上。在来球的下落前期，右脚蹬地，向左转身，重心随之左移，带动右臂向左上方摆动，在腰部的右前方击球。击球后，随势挥拍，然后左脚蹬地，通过跳步向右移动，迅速还原，准备下一板回球。

**01** 站位近台，双脚前后开立，略比肩宽，左脚在前，膝盖微屈，身体前倾，仔细观察来球。

**02** 右脚向前上步，伸至台下，并将重心落在右腿上。在移动的过程中，右臂屈肘，稍向后上方引拍。

**04** 根据来球，右脚蹬地后撤，左脚随之调整，向适合正手拉球的位置移动。在移动的过程中，向右转身，右臂自然下垂，向后下方引拍至膝盖的斜后方，手腕内旋，使拍面前倾，身体前倾，双腿屈膝，并将重心放在右腿上。

扫一扫，看视频

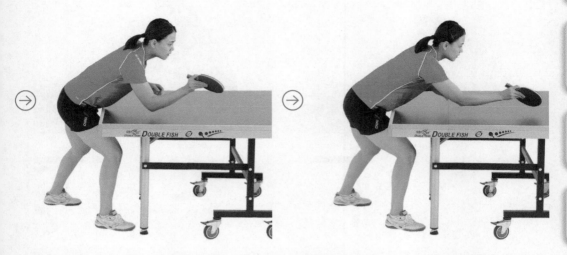

**03** 右臂迎球前伸，向左前下方挥拍，根据来球性质与之后的战术需要，在来球的上升期或下落前期，在身体的右前方通过正手搓球回球。击球时，拍面后仰，摩擦球的中下部。击球后，小幅度随势挥拍，然后迅速还原。

**05** 在来球的下落前期，右脚蹬地，身体向左转动，重心随之左移，带动右臂向左前上方挥动，在腰部的右前方击球。击球后，随势挥拍，然后左脚蹬地，让重心回到双脚之间，迅速还原，准备回击下一板来球。

热身与恢复 | 姿势与步法 | 球性练习 | 发球技术 | 横拍击球技术 | 直拍击球技术 | 削球技术 | 常用制胜策略 | 体能训练

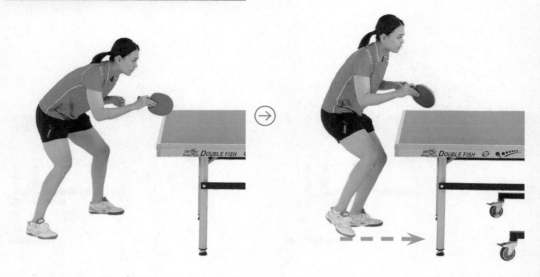

**01** 站位近台，双脚前后开立，略比肩宽，左脚在前，膝盖微屈，身体前倾，仔细观察来球。

**02** 右脚向前上步，伸至台下，并将重心落在右腿上。在移动的过程中，右臂屈肘，稍向后上方引拍。

**04** 根据来球，右脚蹬地后撤，左脚随之调整，移动到适合反手击球的位置。移动的过程中，身体向左转动，右臂内折，从身前向左后下方引拍。

扫一扫，看视频

热身与恢复

姿势与步法

球性练习

发球技术

横拍击球技术

直拍击球技术

削球技术

常用制胜策略

体能训练

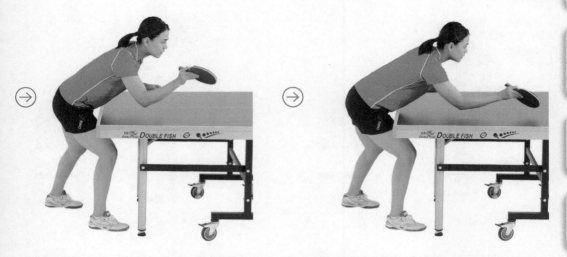

**03** 右臂迎球前伸，向左前下方挥拍，根据来球性质与之后的战术需要，在来球的上升期或下落前期，在身体的右前方通过正手搓球回球。击球时，拍面后仰，摩擦球的中下部。击球后，小幅度随势挥拍，然后迅速还原。

**05** 引拍至大腿前方，手腕内勾，使拍头朝后。到位后，重心放在左腿上，含胸收腹，身体前倾。在来球进入高点期时，身体向右转动，重心随之右移，以肘关节为支点，右手前臂向右前上方挥动，带动手腕外展，在身体前方击球。击球后，随势挥拍，然后右脚蹬地，迅速还原，准备回击下一板来球。

**01** 站位近台，双脚前后开立，略比肩宽，左脚在前，膝盖微屈，身体前倾，仔细观察来球。

**02** 右脚向前上步，伸至台下，并将重心移至右腿。在移动的过程中，右臂向内折叠，向左后方引拍至胸前。

**04** 击球后，右脚蹬地后撤。之后左脚蹬地，通过单步向正手来球方向迈步。在移动的过程中，向右转身，右臂自然下垂，向后下方引拍。

扫一扫，看视频

热身与恢复

姿势与步法

球性练习

发球技术

横拍击球技术

直拍击球技术

削球技术

常用制胜策略

体能训练

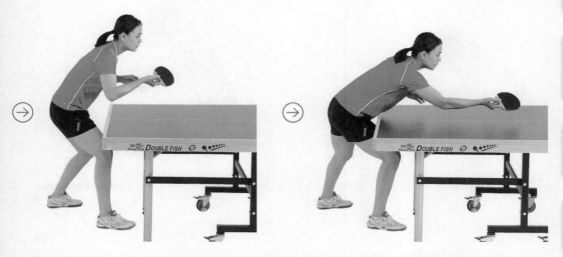

**03** 手腕外旋，使拍面后仰，球拍正面朝前。根据来球性质与之后的战术需要，在来球的上升期或下落前期，身体前迎，右臂前伸，以肘关节为支点，前臂向右前下方挥动，在右胸前方击球，并摩擦球的中下部。击球后，小幅度随势挥拍，然后迅速还原。

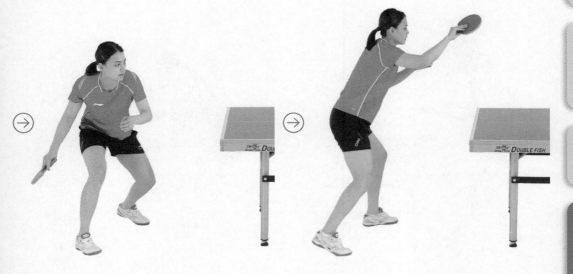

**05** 引拍至膝盖斜后方，手腕内旋，使拍面前倾。到位后，身体前倾，双腿屈膝，并将重心放在右腿上。在来球的下落前期，右脚蹬地，身体向左转动，重心随之左移，带动右臂向左前上方挥动，在腰部的右前方击球。击球后，随势挥拍，然后左脚蹬地，让重心回到双脚之间，迅速还原，准备回击下一板来球。

## 直拍反手搓接后反手抢拉 »

**01** 站位近台，双脚前后开立，略比肩宽，左脚在前，膝盖微屈，身体前倾，仔细观察来球。

**02** 右脚向前上步，伸至台下，并将重心移至右腿。在移动的过程中，右臂向内折叠，向左后方引拍至胸前。

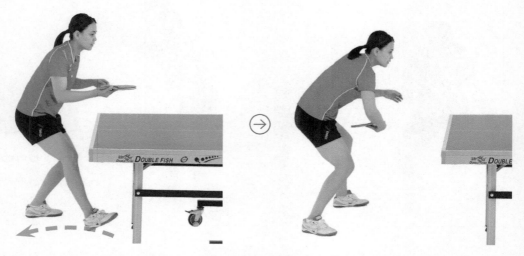

**04** 根据来球，右脚蹬地后撤，左脚随之调整，移动到适合反手击球的位置。移动的过程中，身体向左转动，右臂内折，从身前向左后下方引拍至大腿前方，手腕内勾，使拍头朝后。到位后，重心放在左腿上，含胸收腹，身体前倾。

热身与恢复

姿势与步法

球性练习

发球技术

横拍击球技术

直拍击球技术

削球技术

常用制胜策略

体能训练

扫一扫，看视频

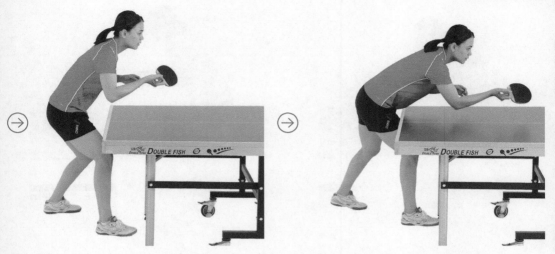

**03** 手腕外旋，使拍面后仰，球拍正面朝前。根据来球性质与之后的战术需要，在来球的上升期或下落前期，身体前迎，右臂前伸，以肘关节为支点，前臂向右前下方挥动，在右胸前方击球，并摩擦球的中下部。击球后，小幅度随势挥拍，然后迅速还原。

**05** 在来球进入高点期时，身体向右转动，重心随之右移，以肘关节为支点，右手前臂向右前上方挥动，带动手腕外展，在身体前方击球。击球后，随势挥拍，然后右脚蹬地，迅速还原，准备回击下一板来球。

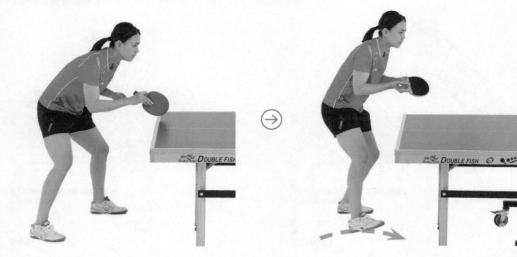

**01** 站位近台，双脚前后开立，略比肩宽，左脚在前，膝盖微屈，身体前倾，仔细观察来球。

**02** 右脚向前上步，伸至台下，并将重心移至右腿。在移动的过程中，右臂向内折叠，向左后方引拍至胸前。

**04** 右脚蹬地，通过并步向左前方移动至球台左角外侧，并充分侧身。在移动的过程中，身体向右转动，右臂自然下垂，向后下方引拍。

扫一扫，看视频

热身与恢复

姿势与步法

球性练习

发球技术

横拍击球技术

直拍击球技术

削球技术

常用制胜策略

体能训练

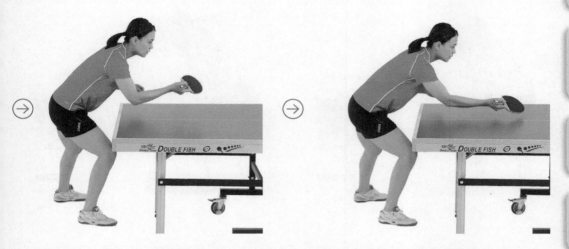

**03** 手腕外旋，使拍面后仰，球拍正面朝前。根据来球性质与之后的战术需要，在来球的上升期或下落前期，身体前迎，右臂前伸，以肘关节为支点，前臂向右前下方挥动，在右胸前方击球，并摩擦球的中下部。击球后，小幅度随势挥拍，然后迅速还原。

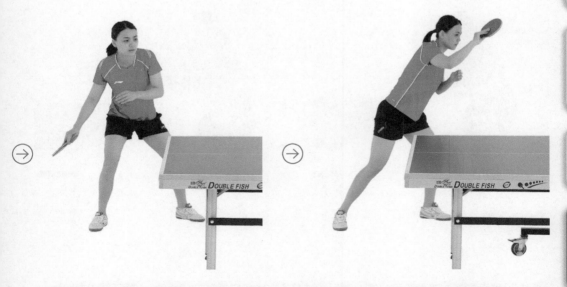

**05** 引拍至膝盖的斜外侧，手腕内旋，使拍面前倾。到位后，左脚位于右脚的左前方，并将重心放在右腿上。在来球的下落前期，右脚蹬地，向左转身，重心随之左移，带动右臂向左上方挥动，在腰部的右前方击球。击球后，随势挥拍，然后左脚蹬地，通过跳步向右移动，迅速还原，准备下一板回球。

**01** 根据来球移动到近台位置，双脚分开，略比肩宽，膝盖微屈，上身略微前倾。

**02** 右臂向内折叠，肘关节靠近身体，向后引拍至腹前，同时手腕外旋，使球拍正面朝前，拍面前倾。

**04** 手腕内旋，变为正手状态，然后通过并步或跳步向来球方向移动。在移动的过程中，向右转腰，右肩略微下沉，右臂自然弯曲，向身体的右后方引拍，前臂内旋，使拍面略微前倾。

扫一扫，看视频

热身与恢复

姿势与步法

球性练习

发球技术

横拍击球技术

直拍击球技术

削球技术

常用制胜策略

体能训练

**03** 当来球进入上升期时，右臂迎球前伸，将球拍向前推出，并在胸前击球的中上部。挥拍时，食指压拍，保证拍面前倾。击球后，顺势向前挥拍，然后迅速还原。

**05** 到位后，将重心放在右腿。在来球的高点期，右脚蹬地，髋关节向前转动，并向左转腰，重心随之左移，带动右臂向左前上方挥动，在身体右前方击球。击球后，左脚蹬地，将重心移回双脚中间，迅速还原，准备下一板回球。

**01** 根据来球移动到近台位置，双脚分开，略比肩宽，膝盖微屈，上身略微前倾。

**02** 右臂向内折叠，肘关节靠近身体，向后引拍至腹前，同时手腕外旋，使球拍正面朝前，拍面前倾。

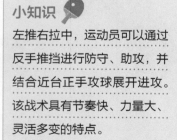

**小知识**

左推右拉中，运动员可以通过反手推挡进行防守、助攻，并结合近台正手攻球展开进攻。该战术具有节奏快、力量大、灵活多变的特点。

**04** 通过并步或跳步向来球方向移动。在移动的过程中，手腕内旋，变为正手状态，同时向右转身，带动右臂后引。

扫一扫，看视频

热身与恢复

姿势与步法

球性练习

发球技术

横拍击球技术

直拍击球技术

削球技术

常用制胜策略

体能训练

**03** 当来球进入上升期时，右臂迎球前伸，将球拍向前推出，并在胸前击球的中上部。挥拍时，食指压拍，保证拍面前倾。击球后，顺势向前挥拍，然后迅速还原。

**05** 到位后，双腿屈膝，重心移至右脚，右臂向后引拍至大腿的右后方，手腕内旋，使得拍面前倾。

**06** 右脚蹬地，向左转身，重心随之左移，带动手臂向左前上方挥拍，在身体右侧击球，并多向上摩擦球。击球后，随势挥拍，然后双脚带动双手还原，准备回击下一板来球。

## 直拍反手拉上旋球后转正手侧身位冲球 》

**01** 站位近台，双脚分开，略比肩宽，膝盖微屈，身体前倾，并仔细观察来球。

**02** 向左转身，重心左移，右臂向内折叠，从身前向左后下方引拍至腹前，手腕内勾，使拍头朝后。

**04** 右脚蹬地，通过并步向左前方移动至球台左角外侧，并充分侧身。在移动过程中，向右转腰，右臂自然弯曲，向后引拍。

扫一扫，看视频

热身与恢复

姿势与步法

球性练习

发球技术

横拍击球技术

直拍击球技术

削球技术

常用制胜策略

体能训练

**03** 在来球进入高点期时，双脚用力蹬地，向右转腰，让身体向右前上方顶，同时重心右移，以肘关节为支点，右手前臂向右前上方挥动，带动手腕外展，拍面前倾，在胸前击球。击球后，随势挥拍，然后迅速还原，准备回击下一板来球。

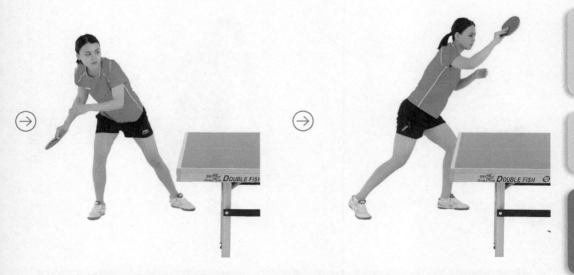

**05** 引拍至大腿的右后方，手腕内旋，并使拍面前倾，重心放在右腿。在来球的高点期，右脚蹬地，腹部收紧，身体向左转回，重心随之左移，带动右臂向左前上方挥动，在身体的右前方击球，并多向前、稍向上摩擦球。击球后，随势挥拍，然后左脚蹬地，通过跳步向右移动，并迅速还原。

# 直拍正手拉上旋球后转侧身拉球 »

**01** 站位近台，双脚分开，略比肩宽，膝盖微屈，身体前倾，并仔细观察来球。

**02** 左脚蹬地，向左迈步，同时向右转身，重心右移，带动右臂向后下方引拍至膝盖的斜后方。

**04** 右脚蹬地，通过跳步移动到左侧身位。在移动的过程中，腰部向右转动，右臂自然下垂，向后下方引拍。

热身与恢复

姿势与步法

球性练习

发球技术

横拍击球技术

直拍击球技术

削球技术

常用制胜策略

体能训练

扫一扫，看视频

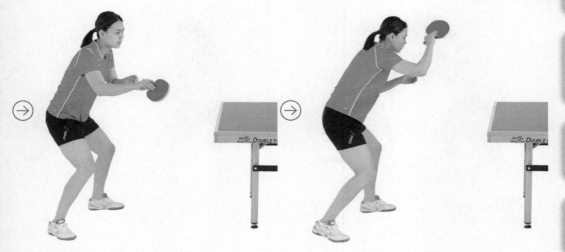

**03** 到位后，身体前倾，重心放在右腿。在来球的下落前期，右脚蹬地，身体向左转动，重心随之左移，向左前上方挥拍，拍面前倾，在腰部的右前方击球。击球后，随势挥拍，然后迅速还原。

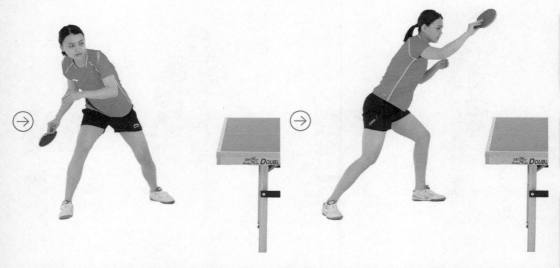

**05** 手腕内旋，使拍面前倾，引拍至膝盖的斜后方，左脚位于右脚的左前方，并将重心放在右腿上。在来球的下落前期，右脚蹬地，向左转身，重心左移，带动右臂向左上方挥动，在腰部的右前方击球，并多向前摩擦球。击球后，随势挥拍，然后左脚蹬地，通过跳步向右移动，迅速还原，准备下一板回球。

**01** 站位中近台，双脚前后开立，略比肩宽，左脚在前，膝盖微屈，身体前倾，并仔细观察来球。

**02** 左脚蹬地，通过并步向来球方向移动。移动的过程中，向右转身，右臂自然下垂，向后下方引拍。

**04** 根据来球，通过并步移动到适合回球的位置。在移动的过程中，转腰收胯，向右转身，带动右臂向右后方引拍至大腿的斜后方，手腕内旋，使拍面前倾。到位后，双脚间距离略比肩宽，膝盖微屈，身体前倾，并将重心落在右腿上。

热身与恢复

姿势与步法

球性练习

发球技术

横拍击球技术

直拍击球技术

削球技术

常用制胜策略

体能训练

**03** 引拍至右膝后方，降低重心，并将重心落在右腿。在来球下落前期，保持降低重心状态，右脚蹬地，身体向左转回，重心随之左移，带动右臂向左前上方加速摆动，拍面略微前倾，在腰部的右前方击球。击球后，随势挥拍，然后左脚蹬地，迅速还原。

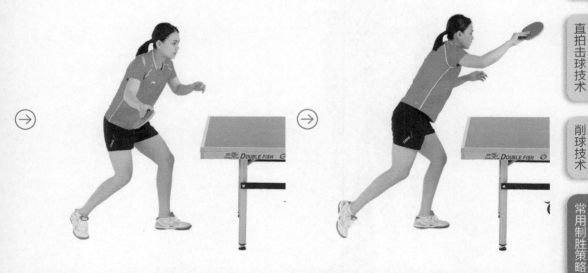

**05** 在来球的下落前期，右脚用力蹬地，迎球向前跳起，同时向左转腰，右手上臂发力带动前臂加速向左前上方挥动，在胸部的右前方击球。击球后，顺势挥拍，然后左脚蹬地，迅速还原，准备下一板回球。

# 第9章
# 体能训练

在比赛中，运动员需要与对手进行至少四局对决。比赛时间越长，对运动员体能的要求便越高。此外，比赛中紧张的情绪也会让运动员更容易感受到疲劳，所以拥有较强的体能是在高水平对决中占据主动权的重要条件，让运动员能够在比赛后期依旧保持高质量的回球，并保证移动的灵活性与灵敏性。本章会从力量、爆发力、灵敏性、耐力这四个方面带领运动员进行有针对性的训练。

**弹力带 – 站姿 – 双臂肩上推举 》**

扫一扫，看视频

上拉

**01** 双脚平行分开，与肩同宽，挺胸抬头，目视前方。将弹力带中间位置固定在双脚下，双手分别握紧弹力带两端，双臂向内屈肘，使得双手与肩部齐平，并保持弹力带绷直。

**02** 身体姿势保持不变，核心收紧，双臂垂直上举至完全伸直，上拉弹力带。其间，双手紧握弹力带两端，克服弹力带绷直时产生的阻力。恢复准备姿势，完成规定次数。

**小知识**

弹力带是一种易于携带、使用简单的小型体能训练工具，可以选择各种角度的阻力，以有效地锻炼对应肌肉。在使用弹力带时，一定要根据身高调节弹力带的长度，太短或者太长都会影响训练的效果。

热身与恢复

姿势与步法

球性练习

发球技术

横拍击球技术

直拍击球技术

削球技术

常用制胜策略

体能训练

## 弹力带 – 站姿 – 单臂水平旋内 》

**01** 双脚平行开立，与肩同宽，挺胸抬头，目视前方。右臂抬高至水平状态，然后向上屈曲，使肘关节成 90 度，右手与头部齐平。右手紧握弹力带一端，左臂自然垂于体侧。

**02** 保持身体姿势不变，肘关节带动右臂内旋，使前臂下摆，直至右臂与肩部保持水平，其间肘关节始终成 90 度，右手紧握弹力带，克服弹力带产生的阻力。恢复准备姿势，完成规定次数，然后换左手进行相同的练习。

## 弹力带 – 分腿蹲 – 弯举 》

扫一扫，看视频

**01** 挺胸抬头，目视前方，双脚前后开立。前脚踩在弹力带中间位置，双臂自然垂于体侧，双手分别握紧弹力带两端；后脚脚尖着地。

**02** 背部保持挺直，垂直下蹲，直至前腿的膝关节成 90 度，后腿随下蹲动作自然弯曲。下蹲的同时反手将弹力带上拉，在下蹲至最低点时使双手与胸部齐平。恢复准备姿势，完成规定次数。

## 弹力带 – 站姿 – 躯干旋转 》

**01** 双脚平行开立，与肩同宽，挺胸抬头，目视前方。双臂屈肘，双手相握置于胸前，紧握弹力带的一端，并保持弹力带绷直。

**02** 保持身体姿势不变，核心收紧，腰部向左转动 90 度左右，使上身整体朝左，其间双手紧握弹力带一端，克服弹力带绷直时产生的阻力。恢复准备姿势，完成规定次数。

## 哑铃 – 站姿 – 基本弯举 – 双臂 》

扫一扫，看视频

**01** 双脚平行开立，与肩同宽，挺胸抬头，目视前方。双臂伸直自然垂于身体两侧，双手各握一哑铃，且掌心向前。

**02** 保持身体姿势不变，肱二头肌发力，屈肘，前臂向上弯举至与地面接近垂直，使哑铃移至肩部上方。此时掌心向后。停顿后恢复起始姿势，然后完成规定次数。

热身与恢复

姿势与步法

球性练习

发球技术

横拍击球技术

直拍击球技术

削球技术

常用制胜策略

体能训练

## 哑铃 - 站姿 - 躯干侧屈 》

扫一扫，看视频

**01** 双脚平行开立，与肩同宽，挺胸抬头，目视前方。右臂伸直自然垂于体侧，右手持一哑铃，左臂屈肘，左手叉腰。

**02** 腹部收紧，上身向右倾斜，右臂随之自然下垂，停顿后恢复起始姿势，完成规定次数。之后换左手持哑铃，身体向左倾斜，按照相同动作标准完成规定次数。

## 弹力带 - 站姿 - 单侧髋内收 》

扫一扫，看视频

内收至对侧极限位置

**01** 挺胸抬头，目视前方，双手叉腰，左腿站立，伸直，右腿向体侧伸展，脚尖轻轻点地，将弹力带一端绑在右腿踝关节处，另一端绑在固定物体上，并使弹力带保持一定张力。

**02** 保持上身姿势不变，抬起右脚，大腿内侧发力，右腿从身前向左平移至身体对侧位置。停顿后恢复起始姿势，完成规定次数。之后换左腿进行相同的练习。

**01** 挺胸抬头，目视前方，双手叉腰。双脚平行开立，与肩同宽。一只脚将弹力带一端踩在脚底，而另一只脚的脚踝缠上弹力带的另一端。

**02** 核心收紧，保持上身姿势不变，缠绕弹力带的脚向外扩展，克服弹力带绷直时产生的阻力。停顿后恢复起始姿势，完成规定次数。之后换另一侧进行相同的练习。

动作变式

除了单侧髋内收和单侧髋外展以外，还可以进行髋关节后伸的练习，在增强力量的同时，增加髋部的灵活性与提升身体的平衡能力。

## 杠铃 – 俯身划船 ≫

扫一扫，看视频

**01** 双脚平行开立，与肩同宽，脚尖朝前。略微屈膝，同时屈髋使身体前倾，背部挺直，双臂自然下垂，双手正握杠铃。

**02** 收缩背部肌肉，肘部紧贴身体两侧，将杠铃以划船的轨迹提起。在顶端稍做停顿后慢慢恢复起始姿势，然后完成规定次数。

## 杠铃 – 硬拉 ≫

扫一扫，看视频

**01** 双脚平行开立，与肩同宽，脚尖朝前。略微屈膝，同时屈髋使身体前倾，双手正握杠铃于膝关节下方且贴近小腿。

**02** 伸膝伸髋，双手提拉杠铃，起身至直立位。其间，背部保持挺直，挺胸收腹，双眼直视前方。在顶端稍做停顿后慢慢恢复起始姿势，然后完成规定次数。

热身与恢复

姿势与步法

球性练习

发球技术

横拍击球技术

直拍击球技术

削球技术

常用制胜策略

体能训练

## 壶铃 – 交替甩摆 – 单臂 》

扫一扫，看视频

**01** 双脚平行开立，略比肩宽，在身前放置一个壶铃。背部挺直，屈髋屈膝，向下俯身，一侧手握住壶铃把手，在两腿之间向后甩摆壶铃。

**02** 大腿和臀部发力，伸膝伸髋，起身站直，同时向前甩摆壶铃，直至手臂抬至水平。

**03** 在手臂水平位置将壶铃递至另一侧手，该侧按照相同标准完成甩摆动作。在向前甩摆壶铃过程中，顺势将壶铃放回原位，然后完成规定次数。

热身与恢复

姿势与步法

球性练习

发球技术

横拍击球技术

直拍击球技术

削球技术

常用制胜策略

体能训练

## 单臂壶铃高拉 》》

扫一扫，看视频

**01** 双脚平行开立，略比肩宽，背部挺直，屈髋屈膝，向前俯身。一侧手臂在体前自然下垂，手握壶铃；另一侧手臂放在体侧，并保持放松。

**02** 目视前方，下肢发力，快速伸髋伸膝，将重心上移，同时肩部发力，向上耸肩，带动手臂屈肘上提，将壶铃高拉至锁骨前方。停顿后恢复起始姿势，完成规定次数。之后换另一侧手臂进行相同的练习。

## 药球 – 站姿 – 垂直侧向扔球 》》

扫一扫，看视频

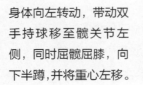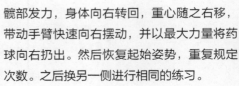

**01** 双脚平行开立，略比肩宽，背部挺直。双肘屈曲，双手紧握药球，举在腹部前方。

**02** 身体向左转动，带动双手持球移至髋关节左侧，同时屈髋屈膝，向下半蹲，并将重心左移。

**03** 髋部发力，身体向右转回，重心随之右移，带动手臂快速向右摆动，并以最大力量将药球向右扔出。然后恢复起始姿势，重复规定次数。之后换另一侧进行相同的练习。

扫一扫，看视频

**01** 双脚平行开立，略比肩宽，在身前放置两个壶铃。背部挺直，屈髋屈膝，向下俯身，双手握住壶铃把手，在双腿之间向后甩摆壶铃。

**02** 臀部与腿部发力，挺髋起身，同时双肘弯曲，将壶铃提起。保持屈肘的状态，双臂向内夹，使上臂靠近身体两侧，高翻壶铃至肩前。

**03** 停顿后继续在双腿之间甩摆壶铃。在向前甩摆壶铃的过程中，顺势将壶铃放回原位，然后完成规定次数。

扫一扫，看视频

热身与恢复

姿势与步法

球性练习

发球技术

横拍击球技术

直拍击球技术

削球技术

常用制胜策略

体能训练

**01** 双脚平行开立，略比肩宽，挺胸抬头。一侧手臂在体前自然下垂，手握壶铃；另一侧手臂放在体侧，并保持放松。

**02** 保持上身姿势不变，弯曲膝盖，降低重心。

**03** 下肢发力，快速伸髋伸膝，略微向上跳起，同时上推壶铃举过头顶，并反转手腕，使掌心朝前；另一侧手臂侧举至水平。落地时，屈膝进行缓冲。然后保持壶铃举过头顶的状态站直。停顿后恢复起始姿势，完成规定次数，之后换另一侧进行相同的练习。

## 药球 – 分腿姿 – 胸前抛球 》

**01** 双脚前后开立，屈髋屈膝半蹲，呈前后弓箭步。背部挺直，目视前方，核心收紧，双肘屈曲，双手举药球于胸前。

**02** 保持躯干挺直，双臂用力快速前推，胸部发力，以最大力量将药球向前水平抛出。然后恢复起始姿势，重复规定次数。

## 药球 – 分腿姿 – 过顶扔球 》

**01** 双脚前后开立，屈髋屈膝半蹲，呈前后弓箭步。背部挺直，目视前方，双肘屈曲，双手举药球于胸前。

**02** 保持下肢与躯干不动，核心收紧，双臂发力上举过头顶，双肘屈曲，手持药球移动至头部的后上方。

**03** 保持身体的稳定，腹部发力，双臂快速向前伸展，以最大力量将药球向前扔出。然后恢复起始姿势，重复规定次数。

热身与恢复

姿势与步法

球性练习

发球技术

横拍击球技术

直拍击球技术

削球技术

常用制胜策略

体能训练

**药球 – 分腿姿 – 旋转过顶砸球 》**

扫一扫，看视频

**01** 双脚前后开立，背部挺直。双肘屈曲，双手持药球于腹部前方。

**02** 身体向右转动，带动双手持球移至髋关节右侧。

**03** 双臂上举，将药球向上方移动至头顶右侧。

**04** 髋部发力，带动身体向左转动，手臂举高，让药球从头顶上方向左移动，然后向左下方砸。重复规定次数后，换另一侧进行相同的练习。

扫一扫，看视频

**01** 背部挺直，站于跳箱边缘，单腿支撑身体，另一条腿前伸悬空。双臂向上伸直，双手掌心相对。

**02** 向下自然跳去，双臂随之向后下方摆动。落地时，身体前倾，且双腿屈膝缓冲。

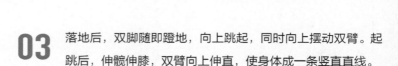

**03** 落地后，双脚随即蹬地，向上跳起，同时向上摆动双臂。起跳后，伸髋伸膝，双臂向上伸直，使身体成一条竖直直线。

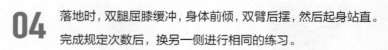

**04** 落地时，双腿屈膝缓冲，身体前倾，双臂后摆，然后起身站直。完成规定次数后，换另一侧进行相同的练习。

**01** 站在跳箱前，双脚平行开立，与肩同宽，背部挺直，双臂向上伸直，双手掌心相对。准备好后，身体向前倾斜，同时屈髋屈膝，双臂向下摆动至身后。

**02** 双臂快速向上摆动超过头顶，身体随之后倾至直立，同时下肢肌肉发力，双脚蹬地，向前上方跳起，跳到跳箱上。落下时，双腿屈膝缓冲，身体前倾，手臂后摆，起身站直。然后回到起始位置，重复规定次数。

## 01

站在栏架一侧，面朝前方，屈膝屈髋，身体前倾，双臂后摆。

## 02

双臂快速向上摆动超过头顶，身体随之后倾至直立，同时双脚蹬地跳起，身体朝向不变，朝栏架的方向跳，并从栏架上方跃过。

## 03

落地时，双腿屈膝缓冲，身体前倾，双臂后摆。停顿2秒后，起身站直。之后回到起始位置，重复规定次数。

### 小知识

横向双脚跳主要锻炼臀部、大腿和小腿的肌群，可以增强肌肉的力量与爆发力，从而使运动员能够更加灵活、迅速地移动。起跳时，双臂要用力上摆，与蹬地动作相配合，带动身体向上跳起；身体腾空时，核心收紧，保持身体的平稳。

# 栏架 – 单脚跳 – 横向 – 向内 – 有反向 »

扫一扫，看视频

**01** 站在栏架右侧，面朝前方，背部挺直，右腿支撑身体，左腿屈膝向后抬起，双臂向上伸直举过头顶，掌心相对。准备好后，身体前倾，双臂后摆，同时右腿屈膝下蹲。

**02** 双臂快速上摆，身体随之直立，同时下肢肌群协同发力，右脚蹬地，伸髋伸膝，身体朝向不变，侧向跳过栏架。

**03** 右脚单脚落地。落地时，右腿屈膝缓冲，身体前倾，双臂后摆。停顿2秒后，身体恢复直立，双脚站立。之后回到起始位置，重复规定次数。

# 9.3

## 灵敏性强化

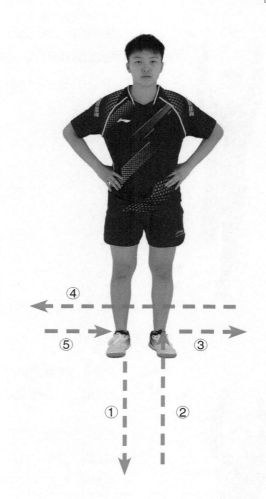

在平地站好，双腿伸直，自然开立，双手叉腰。准备好后，依次向前、后、右、左各跳一步，使自己的移动轨迹大致成丁字形，最后跳回原位。跳跃时，双脚同时蹬地起跳，背部挺直，核心收紧，并始终面朝前方。落地时，双脚同时着地，并略微屈膝缓冲。之后，重复以上步骤完成规定次数。

热身与恢复

姿势与步法

球性练习

发球技术

横拍击球技术

直拍击球技术

削球技术

常用制胜策略

体能训练

## 垫步跳 – 纵向 》

扫一扫，看视频

**01** 站在平地，挺胸抬头，目视前方。双脚并拢，脚尖朝前，双腿伸直，双臂自然垂于体侧。

**02** 保持背部挺直，核心收紧，抬一侧腿至大腿与地面接近平行；同时另一侧手臂屈肘，随之摆动。脚落地后，前脚掌用力蹬地，快速向上原地垫步跳，同时换另一侧腿抬起至大腿接近水平，并摆臂。双腿交替进行，前进规定距离。

## 站姿 – 对侧 – 肘碰膝 – 垫步跳 》

扫一扫，看视频

**01** 站在平地，挺胸抬头，目视前方。双腿伸直，双脚平行开立，略窄于肩，双臂自然垂于身体两侧。

**02** 保持背部挺直，核心收紧，双脚跳动，一侧腿屈膝抬起，同时略微转身，用对侧手肘触碰抬起腿的膝部。脚落地后，前脚掌随即用力蹬地，做一个原地垫步跳动作，同时另一侧腿屈膝抬起，略微转身，并摆臂，用对侧手肘触碰抬起腿的膝部。双腿交替进行，完成规定的次数。

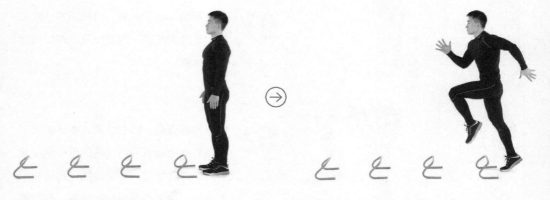

**01** 并排间隔放置四个栏架，面向第一个栏架站立，双脚分开，与肩同宽，双臂自然垂于体侧，核心收紧，背部挺直。

**02** 一侧腿屈膝抬起，同时对侧手臂迅速向前摆动，向前跨过第一个栏架。

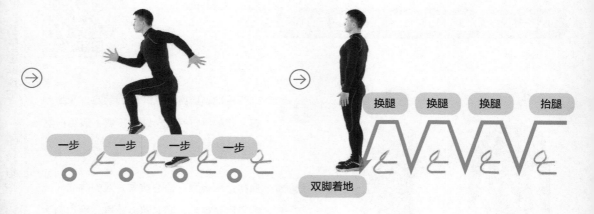

**03** 抬起脚落地后，下肢肌群协同发力，迅速蹬地，双脚交替上抬，同时配合摆臂，跨过下一个栏架。依此类推，一步跨过一个栏架，依次跨过四个栏架。

**04** 跨过第四个栏架后，双脚着地，保持身体稳定1~2秒。回到起始位置，恢复起始姿势，完成规定的次数。

热身与恢复

姿势与步法

球性练习

发球技术

横拍击球技术

直拍击球技术

削球技术

常用制胜策略

体能训练

## 40 码正方形侧身交叉步 »

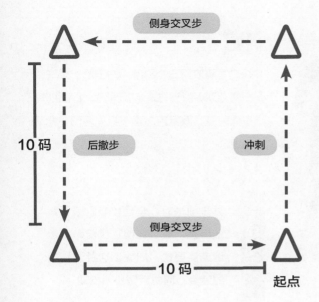

用标志桶摆放成边长为 10 码（约 9.14 米）的正方形。站在起点标志桶的外侧，采用两点站姿站好。准备好后，向前冲刺 10 码的距离，到达前方标志桶。之后，保持面朝前方，通过侧身交叉步向左移动至下一标志桶。略做调整后，改为后撤步方式移动，依旧面朝前方，且保证移动轨迹尽量成一条直线。到达下一标志桶后，保持面朝前方，通过侧身交叉步向右移动至终点（起点）标志桶。

## 绳梯 – 进出滑步 »

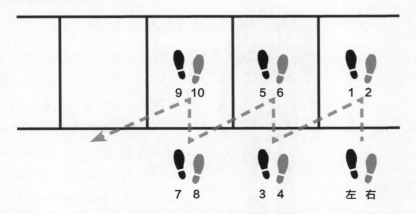

在地面上放置一绳梯，站在绳梯一端的左侧，并面对绳梯；双脚自然开立，背部挺直，双手叉腰。准备好后，左脚向正前方迈步，进入第一个格子内；右脚随之迈步，也进入第一个格子内，使得双脚自然平行开立。然后，左脚向左后方撤步，落在第二个格子的左侧，右脚随之后撤，向左脚位置靠近。依此类推，按照前—斜后—前—斜后的轨迹，重复上述过程，依次迈入绳梯的每个格子内，直到达到绳梯的另一端。

并步，且该脚不
落地，准备变向

并步

并步

并步

## 01

并排间隔放置三个栏架，站于第一个栏架一侧，双脚平行开立，与肩同宽，屈髋屈膝，身体前倾，双臂自然垂于身体两侧，背部挺直。

**要点提示** 并步前进时，全程核心收紧，背部挺直，重心靠前，且前脚掌蹬地速度要快，加快逐次跳过栏架的速度，同时手臂协调摆动。

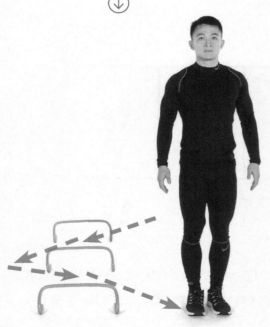

## 02

使用并步在栏架之间穿梭，且每完成一次并步后停顿 1~2 秒，直至移动到第三个栏架的一侧。到位后，双脚平行站立，停顿后回到起始位置，恢复起始姿势，完成规定的次数。（分步图解见下页，向右并步时都先迈右脚，左脚随之收至同侧旁；向左并步时都先迈左脚，右脚随之收至同侧旁。注意，在准备变向时，随之并步的脚不落地，抬起停顿 1~2 秒后，直接向前迈步。）

扫一扫，看视频

热身与恢复

姿势与步法

球性练习

发球技术

横拍击球技术

直拍击球技术

削球技术

常用制胜策略

体能训练

### 向右并步

先迈右脚

左脚上前并步

继续先迈右脚

左脚上前并步，但不落地，之后开始向左迈步

### 向左并步

先迈左脚

右脚上前并步

继续先迈左脚，然后右脚上前并步

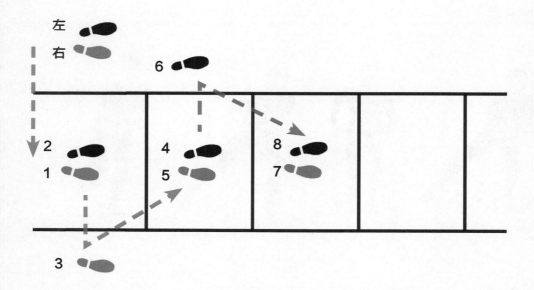

在地面上放置一绳梯，然后站在绳梯一端的左侧，背部挺直，双手叉腰。准备好后，右脚向右横跨一步，进入绳梯的第一个格子内，然后左脚随之迈步，进入同一格子内。之后，右脚继续向右横跨一步，移动至绳梯的右侧，而左脚向前迈步，进入绳梯的下一个格子内，然后右脚随之迈入第二个格子内。之后，左脚向左横跨一步，移动至绳梯的左侧，而右脚向前迈步，进入绳梯的下一个格子内，然后左脚随之迈入第三个格子内。依此类推，前进至绳梯的另一端。此外也可以练习后粘滑步，以更好地锻炼身体的灵敏性与协调性。后粘滑步的原理一样，只是绳梯外的脚是向斜后方移动的。

**动作要领**

该步法比较复杂，**一套粘滑步的迈步顺序为右—左—右—左—右—左—右—左**，记住始终都是留在绳梯里面的脚往斜前方移动；移动时，双脚合理分配力量，并把重心控制在双脚中央，这样脚步不容易混乱。刚开始练习时，可以适当放慢速度，也可以低头看自己的脚；待熟练后，逐渐加快移动的速度，并不再低头，始终向前看，以有效提高身体的协调性，并提升腿部的反应能力。

热身与恢复

姿势与步法

球性练习

发球技术

横拍击球技术

直拍击球技术

削球技术

常用制胜策略

体能训练

## 绳梯 – 之字形交叉滑步 »

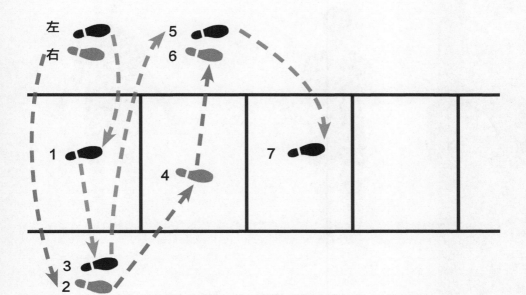

在地面上放置一绳梯，然后站在绳梯一端的左侧，双脚自然开立，背部挺直，双臂自然垂于体侧。准备好后，左脚向右迈步，从右脚前方与之交叉，进入第一个格子内；然后，右脚从左脚后方向右迈步，移至绳梯第一格的右侧；左脚随即向右横跨一步，向右脚靠近，移至第一格的右侧，并使双脚自然平行开立。之后，右脚向左前方迈步，从左脚前方与之交叉，进入第二个格子内；然后左脚从右脚后方向左迈步，移至绳梯第二格的左侧；右脚随即向左横跨一步，向左脚靠近，移至第二格的左侧，并使双脚自然平行开立。依此类推，按照上述方法，前进至绳梯的另一端。

动作要领

该训练可以强化运动员的步法和变向能力，并提高髋关节外展肌和内收肌的柔韧性。移动过程中，重心放在前脚掌上，身体略微前倾；此外，双臂随脚步自然摆臂，髋关节也要随动作扭转，使动作协调灵活，并帮助保持身体平衡。

# 9.4

耐力强化

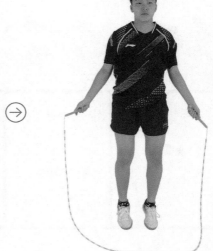

## 3 分钟跳绳训练

| | |
|---|---|
| 间歇时间 | 每组间歇时间 5 分钟 |
| 组数 | 练习 4~6 组 |
| 心率 | 训练结束时心率在 140~150 次 / 分；训练结束后，心率恢复至 120 次 / 分之后开始下次练习 |
| 强度 | 训练强度在最大心率的 45%~60% |

---

小知识

跳绳是一项全身性的运动，它集身心锻炼为一体，既能够提升运动员的耐力和身体协调性，又可以增强腿部力量，增加腿部等部位对乳酸堆积的耐受度。在训练时，可以根据跳绳能力，选择单摇、双摇或花样跳等不同跳绳方式，达到不同的训练效果。在训练后，一定要进行拉伸和放松动作，避免肌肉过度酸痛。

## 爬楼梯 »

<table>
<tr><td colspan="2" align="center">**爬楼梯训练**</td></tr>
<tr><td>间歇时间</td><td>每组间歇时间 5 分钟</td></tr>
<tr><td>组数</td><td>练习 3 组</td></tr>
<tr><td>训练量</td><td>每组的训练距离控制在 200~300 级台阶</td></tr>
<tr><td>强度</td><td>训练强度在最大心率的 45%~60%</td></tr>
</table>

**小知识**

相比于跑步类练习，爬楼梯训练可以更多地调动腿部肌肉，更大程度地刺激腿部产生力量。训练时，尽量用脚尖着地，而不是全脚掌；此外，该训练只需爬楼梯，无须下楼梯，以保护膝盖，避免对胫骨和膝关节造成损伤。

变通方法

| 变通方法 | | |
|---|---|---|
| | **场地有限** | 在不影响周围人的前提下，可以选择大型运动场的观众席或高层的居民区进行练习 |
| | **有训练条件** | 用爬沙堆的方式代替单纯爬楼梯，这样可以对膝盖起到很好的保护作用 |
| | **难度不够** | 如果运动员的耐力较好，则可以额外穿着负重衣，以提高训练难度，让训练更加高效 |

热身与恢复

姿势与步法

球性练习

发球技术

横拍击球技术

直拍击球技术

削球技术

常用制胜策略

体能训练

身体微微前倾，背部挺直，挺胸收腹。弯腰会造成额外的背部负担，导致呼吸困难

分别向前、向后摆臂，不要横向摆臂

腿后肌群提起，顺势后拉

骨盆要稳定而灵活且不歪斜

身体重心迅速转移到着地的脚上

## 中长跑训练

| | |
|---|---|
| 间歇时间 | 每组间歇时间 30 分钟 |
| 组数 | 练习 1~3 组 |
| 训练量 | 每组的训练距离控制在 800~3000 米，匀速完成 |
| 强度 | 训练强度在最大心率的 45%~60% |

### 小知识

中长跑训练是储备基础体能的最佳方法之一，但训练方式不当就很可能对膝关节造成较大的损耗。一定要合理安排训练计划，注意训练频率并控制运动量，防止训练过度；同时也要选择合适的训练场地和训练鞋。在训练时，运动员可以根据自己的情况和需求，选择不同距离进行训练，一般可选择 800 米、1500 米、3000 米，并在规定时间内完成。

热身与恢复

姿势与步法

球性练习

发球技术

横拍击球技术

直拍击球技术

削球技术

常用制胜策略

体能训练

## 变速跑 >>

| | 变速跑训练 |
|---|---|
| 训练方法 | 将变速快跑与慢跑结合进行，快跑段与慢跑段距离应根据运动员的目标需求与专项特点而定 |
| 训练计划 | 培养非乳酸型无氧耐力，一般采用 50 米快、50 米慢、100 米快、100 米慢结合，或直道快、弯道慢结合，或弯道快、直道慢结合等方式。培养乳酸型无氧耐力，一般采用 400 米快、200 米慢结合，或 300 米快、200 米慢结合，或 600 米快、200 米慢结合等方式 |
| 心率 | 慢跑时，心率保持在 130~150 次 / 分；快跑时，心率保持在 170~180 次 / 分 |
| 强度 | 训练强度在最大心率的 60%~80% |

**小知识** 🏓

变速跑训练很好地结合了长距离有氧训练和速度训练的特点，既能保证足够的训练量，使有氧耐力、无氧耐力均得到刺激和改善，又能提供合适的训练强度，有针对性地帮助运动员发展专项能力和专项速度。一举两得，非常高效。

### 训练变式

**间隙跑**

**训练方法**
每组练习由高强度跑和放松跑组成，一般要连续进行 6~8 组练习。高强度跑的持续时间不宜过长，其间心率最好保持在 170~180 次 / 分；然后通过放松跑让心率恢复至 120~140 次 / 分，再开始下一组练习

**注意事项**
训练的总体时间最好在半个小时以上，以保证训练效果。要循序渐进，耐力较差的人可以先一次进行 4 组练习，然后随着实力提升而递增，但最多一次不要超过 10 组

# 编者简介

**闫安**

  原国家乒乓球队队员，国际级运动健将；获天津科技大学硕士学位；2006 年 5 月进入国家乒乓球队；2011 年获世界大学生运动会团体、双打冠军；2011 年获全国锦标赛团体冠军；2012 年获全国锦标赛男团冠军；2013 年获国际乒联职业巡回赛瑞典公开赛男单冠军；2013 年获亚洲锦标赛男团、男双冠军；2013 年获东亚运动会男团、男双冠军；2013 年获乒超联赛总冠军；2014 年获全国锦标赛混双冠军；2015 年获乒超联赛总冠军；2017 年获国际乒联职业巡回赛匈牙利公开赛男单冠军；2017 年获乒超联赛总冠军；2018 年获全国锦标赛男团冠军；2020 年获乒超联赛总冠军；2021 年获全运会男团、男双亚军。现担任 CCTV5 和咪咕视频乒乓球比赛特邀嘉宾。

---

扫描右方二维码添加企业微信。

1. 首次添加企业微信，即刻领取免费电子资源。

2. 加入体育爱好者交流群。

3. 不定期获取更多图书、课程、讲座等知识服务产品信息，以及参与直播互动、在线答疑和与专业导师直接对话的机会。

# 视频在线观看说明

本书提供部分技术动作的教学视频，您可通过微信"扫一扫"，扫描书中的二维码进行观看。

步骤1　打开微信"扫一扫"（图1）。

步骤2　扫描技术动作讲解页面上的二维码。

步骤3　如果您尚未关注微信公众号"人邮体育"，扫描后会出现"人邮体育"的二维码。请根据说明关注"人邮体育"，并在关注后点击"资源详情"（图2），即可进入动作视频观看页面（图3）。如果您已关注微信公众号"人邮体育"，扫描后可直接进入动作视频观看页面。

图1

图2

图3